HYGIÈNE

POPULAIRE,

A L'USAGE

Des Ouvriers des Manufactures de Lille et du Département du Nord,

Par le Docteur **THOUVENIN**, *de Lille.*

> Nous employons tous nos efforts à nous procurer de bons fruits, de belles fleurs, des animaux vigoureux ; combien n'est-il pas honteux de négliger la race de l'homme, comme si elle nous touchait de moins près, comme s'il était plus essentiel d'avoir des bœufs grands et forts, que des hommes vigoureux et sains, des pêches bien odorantes et des tulipes bien tachetées, que des citoyens sages et bons. CABANIS.

LILLE,

ÉMILE **Duricux**, LIBRAIRE-ÉDITEUR, PRÈS LA BOURSE.

1842.

Lille. — Imprimerie d'Émile DURIEUX.

PRÉLIMINAIRES.

Le développement de l'industrie depuis 1815 ayant déterminé la formation d'un grand nombre de fabriques, et appelé par conséquent dans ces établissemens une plus grande quantité d'ouvriers, le dépérissement qui a été remarqué dans la classe ouvrière, dans toutes les villes manufacturières, a vivement intéressé, depuis quelques années, divers gouvernemens; en Prusse, en Angleterre, en Autriche, on a proclamé des lois pour poser des limites à la durée du travail des enfans, et on a fixé des conditions d'âge et d'instruction primaire avant leur entrée dans les manufactures. En France, l'Académie des sciences morales et politiques, voulant s'éclairer par des recherches pratiques, a délégué des commissaires pris dans son sein, pour parcourir et étudier les grands centres de population industrielle; M. le docteur Villermé a parcouru dans ce but le nord et l'est de la France; il a consigné le résultat de ses recherches dans un ouvrage en deux volumes, publié en 1840, sous cet intitulé : *Tableau de l'état physique et moral des ouvriers, dans les manufactures de coton, de laine et de soie.*

Les chambres de commerce, la chambre consultative établie au ministère du commerce, le conseil des prud'hommes, ont aussi été consultés par le ministre du commerce sur les moyens à prendre pour améliorer l'état physique et moral des ouvriers; le résumé de leurs recherches a été transmis aux chambres, qui ont adopté la loi que je reproduirai plus loin.

Le décroissement de la race ouvrière s'est manifesté en France dans toutes les villes industrielles; on a calculé que, dans toute la France, pour avoir cent hommes propres à servir sous les drapeaux, il fallait aller jusqu'au numéro 186, mais qu'en prenant séparément les départemens livrés à l'agriculture, il suffisait de cent cinquante à cent soixante hommes pour en avoir cent valides, tandis que dans les départemens manufacturiers, pour avoir ce dernier résultat, il fallait une proportion d'hommes beaucoup supérieure à 186, et principalement dans les villes industrielles, comme Lyon, Rouen, Elbeuf, Lille surtout. En 1840, à Lille, pour obtenir deux cent vingt-cinq hommes valides, on est monté jusqu'au chiffre 750, ce qui exige, pour cent hommes valides, un nombre de 333 individus.

D'après ces divers calculs, on serait fondé à croire que le travail des manufactures est en général pernicieux pour la classe ouvrière, et cependant, comme je l'indiquerai plus tard, ce n'est pas ce travail, fait surtout par des hommes adultes, qui est une cause directe et prochaine du dépérissement de la race, mais bien l'excès du travail dès le bas âge, joint à plusieurs causes accessoires et indirectes, qu'il serait facile à beaucoup d'ouvriers de faire disparaître, ce qui les ramènerait à des conditions physiques analogues à celles des autres hommes.

Je citerai, par exemple, les ouvriers du canton de Zurich : ceux qui habitent la ville ne le cèdent en rien pour les bonnes qualités à ceux qui vivent dans les campagnes, et les uns, comme les autres, ont généralement plus d'ordre, d'économie, de prévoyance, des habitudes plus frugales, des mœurs plus régulières sous tous les rapports, que les ouvriers français des mêmes professions.

Cependant en faisant abstraction des crises qui viennt à certaines époques ralentir la production, il est constaté que l'ouvrier des fabriques est mieux payé et se trouve dans des conditions plus favorables qu'un grand nombre d'hommes qui exercent d'autres professions; les locaux dans lesquels ils travaillent sont généralement vastes, bien éclairés; les machines à vapeur, dispensant les ouvriers des travaux les plus rudes et qui exigeaient un grand développement de forces musculaires, ne leur ont plus laissé qu'un travail facile, monotone, d'adresse et d'habitude; l'occupation, en absorbant toutes leurs pensées, leur procure un calme et un bien-être inconnus aux hommes oisifs; recommençant chaque jour leurs travaux accoutumés, ils voient les heures s'écouler pour eux sans tourment et sans inquiétudes; aucun soin ne vient les troubler, et, s'ils le voulaient bien, ils jouiraient d'une série de jours sereins jusqu'à la fin de leur carrière; il leur suffirait, pour être heureux, qu'ils fussent sobres, économes, laborieux; malheureusement, les ouvriers des fabriques songent peu au lendemain, surtout dans les villes, plus ils gagnent, plus ils dépensent; beaucoup sont également pauvres au bout de l'année, quelle que soit la différence de leurs charges; travailler, mais jouir, semble être la devise de la plupart des ouvriers.

On a remarqué que ce ne sont point les ouvriers sobres et laborieux qui sont querelleurs, bruyans, séditieux ; ce sont, au contraire, les fainéants, les mauvais ouvriers, les ivrognes, qui ont un penchant à ces différens vices; ces gens deviennent la peste des ateliers, et on doit les en éloigner avec soin, si l'on veut y conserver la paix et la bonne exécution dans les travaux ; car on a remarqué que cette espèce d'hommes ne nuisait pas seulement par elle-même, mais encore par l'influence qu'elle exerce sur les autres individus, plus enclins, généralement, à suivre les mauvais exemples que les bons.

Ces motifs doivent engager les chefs de famille à habituer de bonne heure leurs enfans à l'ordre, à l'économie, à la sobriété, au travail ; c'est le moyen de les utiliser pour leurs semblables et de leur rendre la vie la plus agréable possible.

La loi sur le travail des enfans dans les manufactures va commencer une ère nouvelle pour ces malheureux, voués jusqu'à présent, pour la plupart, dès leur bas-âge, à un travail exagéré qui, tout en les empêchant d'acquérir un peu d'instruction propre au développement de leur intelligence, les maintenait pendant toute leur vie dans un état de dégradation physique. Déjà beaucoup de fabricans, devançant l'exécution de cette loi, ont rendu à leurs parens un grand nombre d'enfans qui travaillaient dans leurs ateliers; si cette mesure prive les pères et mères du chétif salaire de leurs enfans, elle les obligera du moins à envoyer ces derniers dans les écoles gratuites, fondées à Lille et dans les villes voisines, dans l'intérêt de la classe ouvrière; ils y acquerront les connaissances convenables à leur profession future, et, quand l'âge les aura rendus aptes à entrer dans les manufactures, leur corps aura déjà acquis quelque vigueur; dans les intervalles de repos fixés par la loi, ils pourront se livrer à des amusemens qui donneront à leurs membres de l'agilité, de la souplesse, et leur feront reprendre le travail avec plaisir. Plus tard, les développemens de leurs forces musculaires et de leur intelligence devant les rendre des ouvriers habiles et leur faire obtenir des salaires élevés, ils dédommageront amplement leurs parens des soins que ces derniers leur auront prodigués pendant leur enfance.

Voici le texte de la loi relative au travail des enfans dans les manufactures.

Loi sur les Manufactures.

« ART. 1.er *Les enfans ne pourront être employés que sous les conditions déterminées par la présente loi.*

» 1.º *Dans les manufactures, usines et ateliers à moteurs mécaniques ou à feu continu et dans leurs dépendances.*

» 2.º *Dans les fabriques réputées dangereuses ou insalubres, qui seront déterminées à cet effet par ordonnances royales.* »

« Art. 2. *Les enfans devront, pour être admis, avoir au moins huit ans.*

» *De huit à douze ans ils ne pourront être employés au travail effectif plus de huit heures sur vingt-quatre, divisées par un repos.*

» *De douze à seize ans ils ne pourront être employés au travail effectif plus de douze heures sur vingt-quatre, divisées par des repos.*

» *Ce travail ne pourra avoir lieu que de cinq heures du matin à neuf heures du soir.*

» *L'âge des enfans sera constaté par un certificat délivré sur papier non timbré et sans frais par l'officier de l'état-civil.* »

« Art. 3. *Tout travail entre neuf heures du soir et cinq heures du matin est considéré comme travail de nuit.*

» *Tout travail de nuit est interdit pour les enfans au-dessous de treize ans.*

» *Si la conséquence du chômage d'un moteur hydraulique ou des réparations urgentes l'exigent, les enfans au-dessous de treize ans pourront travailler la nuit, en comptant deux heures pour trois, entre neuf heures du soir et cinq heures du matin.*

» *Un travail des enfans au-dessus de treize ans pareillement supputé, sera toléré, s'il est reconnu indispensable dans les établissemens à feu continu* dont la marche ne peut être suspendue pendant le cours de vingt-quatre heures.

» Art. 4. Les enfans au-dessous de seize ans ne pourront être employés les dimanches et jours de fêtes reconnus par la loi.

» Art. 5. Nul enfant âgé de moins de douze ans ne pourra être admis qu'autant que ses parens ou tuteur justifieront qu'il fréquente actuellement une des écoles publiques ou privées existant dans la localité. Tout enfant admis devra, jusqu'à l'âge de douze ans, suivre une école.

» Les enfans âgés de plus de douze ans seront dispensés de suivre une école lorsqu'un certificat délivré par le maire de leur résidence attestera qu'ils ont reçu l'instruction primaire élémentaire.

» Art. 6. Les maires seront tenus de délivrer au père, à la mère ou au tuteur, un livret sur lequel seront portés l'âge, le nom, les prénoms, le lieu de naissance et le domicile de l'enfant ; le temps pendant lequel il aura suivi l'enseignement primaire.

» Les chefs d'établissement inscriront 1.º sur le livret de l'enfant, la date de l'entrée et de la sortie des manufactures ; 2.º sur un registre spécial, toutes les indications mentionnées au présent article.

» Art. 7. Des réglemens d'administration publique pourront :

» 1.º Étendre à des manufactures, usines ou ateliers autres que ceux mentionnés dans l'article 1.er l'application des dispositions de la présente loi ;

» 2.º Élever le minimum de l'âge et réduire la durée du travail déterminé dans les articles 2 et 3, à l'égard des genres d'industrie où le labeur des enfants excéderait leurs forces et compromettrait leur santé ;

» 3.º Déterminer les fabriques où, pour cause de danger ou d'insalubrité, les enfans au-dessous de seize ans ne pourront point être employés ;

» 4.º Interdire aux enfans, dans certains ateliers où ils sont admis, certains genres de travaux dangereux ou nuisibles;

» 5.º Statuer sur les travaux indispensables à tolérer de la part des enfans, les dimanches et fêtes, dans les usines à feu continu;

» 6.º Statuer sur le travail de nuit prévu par l'article 3.

» Art. 8. Des réglements d'administration publique devront :

» 1.º Pourvoir aux mesures nécessaires à l'exécution de la présente loi ;

» 2.º Assurer le maintien des bonnes mœurs et de la décence publique dans les ateliers, usines et manufactures ;

» 3.º Assurer l'instruction primaire et l'enseignement religieux des enfans ;

» 4.º Empêcher à l'égard des enfans tout mauvais traitement et tout châtiment abusif;

» 5.º Assurer les conditions de salubrité et de sûreté nécessaires à la vie et à la santé des enfans.

» Art. 9. Les chefs des établissemens devront faire afficher dans chaque atelier, avec la présente loi et les réglemens d'administration publique qui y sont relatifs, les réglemens intérieurs qu'ils seront tenus de faire pour en assurer l'exécution.

» Art. 10. Le gouvernement établira des inspecteurs pour surveiller et assurer l'exécution de la présente loi. Les inspecteurs pourront, dans chaque établissement, se faire représenter les registres relatifs à l'exécution de la présente loi, les réglemens intérieurs, les livrets des enfans et les enfans eux-mêmes; ils pourront se faire accompagner par un médecin commis par le préfet ou le sous-préfet.

» Art. 11. En cas de contravention, les inspecteurs dresseront des procès-verbaux qui feront foi jusqu'à preuve contraire.

» Art. 12. En cas de contravention à la présente loi ou aux réglemens d'administration publique rendus pour son exécution, les propriétaires ou exploitans des établissemens seront traduits devant le juge-de-paix du canton et punis d'une amende de simple police qui ne pourra excéder quinze francs.

» Les contraventions qui résulteront soit de l'admission d'enfans au-dessous de l'âge, soit de l'excès de travail, donneront lieu à autant d'amendes qu'il y aura d'enfans indûment admis ou employés, sans que ces amendes réunies puissent s'élever au-dessus de deux cents francs.

» S'il y a récidive, les propriétaires ou exploitans des établissemens seront traduits devant le tribunal de police correctionnelle et condamnés à une amende de seize à cent francs. Dans les cas prévus par le paragraphe second du présent article, les amendes réunies ne pourront jamais excéder cinq cents francs.

» Il y aura récidive lorsqu'il aura été rendu contre le contrevenant, dans les douze mois précédens, un premier jugement pour contravention à la présente loi ou aux réglemens d'administration publique qu'elle autorise.

» Art. 13. *La présente loi ne sera obligatoire que six mois après sa promulgation.* »

Malgré les imperfections et les lacunes que cette loi peut présenter, on doit la considérer comme un bienfait incontestable pour les enfans des ouvriers. Il est à regretter que le gouvernement n'ait pas désigné exclusivement les médecins pour être inspecteurs des manufactures, eux seuls étant compétents pour juger la salubrité de ces établissemens, pour décider si tels enfans, quoique âgés de huit, neuf, dix ans et plus, ne devraient pas, par leurs infirmités, être assimilés aux enfans au-dessous de huit ans, et déclarés incapables de travailler dans les ateliers.

L'article 7 de cette loi permettra à l'administration du département du Nord d'en appliquer diverses dispositions aux ateliers des jeunes ouvrières en dentelles, ce genre d'ouvrage étant un de ceux qui compromettent le plus gravement, et pour la vie, la santé des jeunes filles qui s'y adonnent.

HYGIÈNE

POPULAIRE,

A l'usage des Ouvriers des Manufactures de Lille et du département du Nord.

SECTION PREMIÈRE.

Hygiène des Ouvriers en général.

On appelle Hygiène cette branche des sciences médicales qui embrasse le soin de conserver la santé et de prévenir les maladies. Quoique ne devant m'occuper dans ce traité que des conseils hygiéniques convenables aux ouvriers dont les ressources sont ordinairement fort bornées, on comprendra cependant que certains moyens indiqués pourront être bien plus facilement mis en usage par ceux dont les gains sont élevés, comme les ouvriers des ateliers de construction, des fabriques de tulle, de céruse, quelques-uns des filatures de laine et coton, que par la dentellière, par exemple, qui, tout en gagnant par jour cinquante ou soixante et quinze centimes seulement, est encore quelquefois obligée de subvenir à la nourriture d'un ou de plusieurs enfans en bas-âge.

J'examinerai les diverses parties qui composent la matière de l'hygiène, savoir : 1.º les choses qui nous environnent; 2.º celles qui sont appliquées sur la surface du corps; 3.º celles qui sont introduites par les voies alimentaires; 4.º celles qui doivent être excrétées hors de notre corps; 5.º nos actions, la veille et le sommeil, le mouvement et le repos; je remplacerai le sixième chapitre, qui comprend ordinairement les impressions perçues par les sens, les fonctions intellectuelles et les affections de l'ame, par un aperçu des mœurs des ouvriers des manufactures de Lille.

CHAPITRE PREMIER.

Les choses qui nous environnent sont l'air et tous les mélanges qui en font varier les qualités et les proportions, comme l'humidité, les gaz et les matières étrangères qui s'y associent, et la température.

La ville de Lille, bâtie sur un terrain marécageux, entrecoupée de nombreux canaux qui la traversent dans tous les sens, arrosée par des pluies fréquentes et abondantes, présente une atmosphère presque continuellement humide; à cette humidité on peut ajouter la viciation constante de l'air, par des émanations de toute espèce, comme celles qui proviennent de la vidange des fosses d'aisances, celles des immondices des rues, des égouts, celles des distilleries de vinaigre, d'eau-de-vie, celles des amidonneries, des teintureries, des fuites du gaz employé à l'éclairage, de la fumée résultant de la combustion du charbon de terre, etc.

On trouvera encore de nombreuses causes de viciation de l'air, si l'on pénètre dans les caves et les cours qui servent d'habitation à la majeure partie des ouvriers de Lille.

Les caves dans lesquelles est entassée une population nombreuse sont presque toutes froides, sombres, humides; quelques-unes sont divisées en compartimens plus humides les uns que les autres : d'autres sont noires, enfumées, présentant à peine un mètre six cents millimètres de hauteur; plusieurs renferment des pompes qui augmentent encore l'humidité; toutes sont pavées en briques ou en pierres; la main appuyée sur les murs perçoit une sensation d'une humidité froide; le soleil ne les réchauffe jamais de ses rayons bienfaisans; une faible lumière y pénètre seulement par l'escalier, et on y entasse fréquemment des chiffons, des légumes ou des peaux d'animaux qui dégagent des émanations putrides.

Le nombre des caves habitées, quoique encore considérable, est cependant moins grand qu'il ne l'était il y a quelques années, graces à la sollicitude de l'administration municipale, qui a obtenu la fermeture d'un certain nombre d'entr'elles, par l'établissement des trottoirs dans plusieurs rues.

Les cours, qui étaient au nombre de 94 il y a une dizaine d'années, sont un peu moins nombreuses aujourd'hui par suite du percement de quelques rues dans le quartier Saint-Sauveur. De longues ruelles noires, malpropres, conduisent ordinairement dans ces cours, où des maisons de chétive apparence renferment dans des chambres sombres, humides, de nombreuses familles avec toutes leurs provisions; l'ameublement et souvent la propreté des personnes sont analogues aux habitations; les caves qui y sont situées et qui servent d'habitation sont encore plus malsaines que les autres; les lieux d'aisances y sont ordinairement d'une saleté dégoûtante; plusieurs maisons contenues dans ces cours présentent néanmoins aux premiers et aux seconds étages des chambres assez salubres.

Le reste de la population ouvrière qui n'habite pas les cours ou les caves demeure dans diverses rues étroites de la ville; si leurs chambres sont loin d'offrir toutes les conditions désirables de salubrité, elles offrent cependant, eu égard au percement des rues, des avantages incontestables sur l'habitation des caves et des cours.

Si l'on ajoute à toutes ces causes d'insalubrité la mauvaise nourriture et l'intempérance de beaucoup d'ouvriers, on ne sera plus étonné de voir à Lille un aussi grand nombre d'individus pâles, maigres, à la chair molle et flasque, estropiés de toutes les manières, atteints d'ophthalmies, de scrofules, de fièvres intermittentes, de rhumatismes, etc. Si à Tourcoing et à Roubaix, où l'intempérance est aussi grande qu'à Lille, on voit proportionnellement un nombre d'infirmes beaucoup moins considérable, cela dépend en grande partie de l'air plus pur qu'ils respirent et de leur habitation plus saine, presque toutes leurs chambres étant situées dans de petites maisons bâties autour de ces villes. Je citerai encore, à l'appui de cette assertion, les montagnards des Vosges, dont la nourriture est, à peu de choses près, analogue à celle des ouvriers de Lille, et qui sont grands et forts, par suite des travaux en plein air auxquels ils se livrent et de l'air pur qu'ils respirent. Les personnes douées d'un bon odorat ont pu remarquer, en venant de la campagne, où l'air est plus pur que dans les larges rues et les places de Lille, que ce sens était plus désagréablement impressionné par la viciation de l'air à mesure qu'elles pénétraient dans les rues étroites, dans les cours et dans les caves.

Il serait d'une grande utilité publique que l'administration ne permît plus la vidange des fosses d'aisance, jusques bien avant dans le jour, comme cela se fait encore aujourd'hui, mais que cette opération se pratiquât pendant la nuit, de onze heures à quatre heures du matin, comme dans les autres villes de France; le parcours, pendant le jour, de voitures chargées de tonneaux remplis de matières infectes, qui révoltent à la fois la vue et l'odorat, tout en viciant l'air que l'on respire, devrait être sévèrement interdit. Ne conviendrait-il pas aussi que l'on assignât des lieux isolés près des remparts, ou mieux hors des murs, à ces nombreuses habitations de fermiers que l'on voit dans l'intérieur de Lille, dans lesquelles se font chaque jour des élaborations sur les matières fécales, et desquelles s'exhale continuellement une odeur fétide et nauséabonde ?

Beaucoup d'ouvriers des manufactures de Lille refusent d'habiter les faubourgs; les motifs qu'ils allèguent sont le plus grand éloignement de leurs fabriques, et la crainte d'être privés des secours du bureau de bienfaisance, dans les cas de maladie; l'éloignement serait cependant peu considérable pour ceux qui habiteraient Wazemmes, Fives, Les Moulins, si leurs ateliers se trouvaient dans le voisinage des portes qui conduisent à ces communes; il m'a aussi été assuré que l'administration du bureau de bienfaisance continuerait à accorder aux ouvriers des fabriques de Lille qui habiteraient hors des murs les mêmes secours que s'ils demeuraient dans la ville. Aussi j'engage tous les ouvriers qui en auront la possibilité à fixer de préférence leur domicile à la campagne ; ils auront d'abord l'avantage d'obtenir à un prix inférieur à celui de l'intérieur de la ville, un logement plus sain, plus spacieux; ils seront ensuite, eux et leurs enfans, exposés à beaucoup moins de maladies; ces derniers respireront un air plus pur, pourront courir, acquérir des forces, une taille plus élevée.

Quant aux ouvriers qui, par la position de leurs fabriques ou par d'autres motifs, sont obligés d'habiter Lille, je les exhorte vivement à ne pas demeurer dans les caves, qui seraient toujours pour eux et leurs enfans des causes de maladies ; s'ils sont forcés d'habiter des cours, qu'ils prennent de préférence les chambres situées aux premiers et seconds étages, exposées le plus possible au soleil; qu'ils exigent de leurs propriétaires ou qu'ils fassent eux-mêmes annuellement le blanchîment à l'eau de chaux de leurs chambres; cette dépense, ne devant pas s'élever à plus de trente à quarante centimes, assainira leur logement, les forcera à sortir et à nettoyer leurs meubles; qu'ils aient le soin de tenir hors de leurs chambres tout ce qui pourrait dégager des odeurs putrides, comme les peaux d'animaux, les chiffons, etc. Tous les ouvriers doivent aérer le plus possible leurs chambres, en ouvrant chaque jour les fenêtres, même pendant les plus grands froids.

CHAPITRE DEUXIÈME.

Les choses appliquées à la surface du corps sont les vêtemens, les lits, les bains, etc.

La forme des vêtemens continue à entretenir ou à diminuer la chaleur du corps : c'est ainsi que pendant l'hiver, des vêtemens de laine, un peu étroits, sans cependant qu'ils puissent en aucune manière gêner le libre exercice de tous les mouvemens, conserveront bien la chaleur du corps, tandis que pendant l'été, des vêtemens de toile larges permettront à l'excès de la chaleur du corps de se répandre dans l'atmosphère.

La chemise, qui s'applique immédiatement sur la peau et qui reçoit toutes les matières de la transpiration, doit être changée au moins une fois par semaine, la propreté du corps étant une des choses les plus indispensables à la santé. Il ne faut jamais faire sécher sur soi le linge mouillé, soit en le conservant long-temps à l'air libre, ce qui refroidirait considérablement, soit en s'exposant à une chaleur forte, qui pourrait occasionner des indispositions.

C'est surtout les extrémités inférieures qu'il faut en tout temps garantir du froid et de l'humidité. Le sol froid et humide des caves et des rez-de-chaussée nécessite l'usage des sabots qui, étant mauvais conducteurs du calorique, conserveront long-temps aux pieds la chaleur dont ils auront été pourvus. Les ateliers, ayant généralement des planchers en bois et bien chauffés, une chaussure plus légère et surtout moins bruyante que les sabots suffit alors. J'ai remarqué dans plusieurs fabriques que beaucoup d'ouvriers étaient même pieds nus pendant les chaleurs de l'été; cette position, qui n'a d'autre inconvénient que de rendre promptement les pieds très-sales, exige de la part des ouvriers qui ont cette habitude une surveillance quotidienne de propreté.

Pendant l'été, les ouvriers peuvent se dispenser de mettre des cravates, mais ils doivent s'en revêtir aussitôt que le froid se fait sentir.

Les vicissitudes atmosphériques, comme le passage subit d'un air chaud à un air froid, ou d'un air humide à un air sec, pouvant supprimer brusquement la transpiration et occasionner des maux de gorge, des rhumes, des pleurésies, etc., surtout quand les ouvriers sortent des ateliers chauffés par les machines à vapeur ou par quelques substances en ébullition, comme dans les raffineries de sucre, les teintureries, je leur conseille d'avoir le corps suffisamment couvert, pour être à l'abri des impressions fâcheuses des changemens atmosphériques.

La transition brusque d'un air froid à un air très-chaud, bien moins dangereuse que la précédente, détermine cependant de l'oppression, de la suffocation, des douleurs de tête, quelquefois des hémorragies nasales ; c'est une remarque que tous les ouvriers ont pu faire, en entrant pendant l'hiver, après une longue course qui a amené du refroidissement, dans un atelier ou un cabaret très-échauffés. Pour diminuer les inconvéniens attachés au passage subit d'un air froid à un air chaud, on fera bien de boire de suite en entrant un verre d'eau ou de bière.

Les lits sur lesquels nos corps reposent dans la lassitude ou pendant le sommeil, doivent être élevés au-dessus du sol, jamais adossés contre une muraille humide, comme cela se pratique malheureusement trop souvent, vu l'exiguité des chambres d'ouvriers. Je les engage à prendre alors, au moins, la précaution de les éloigner des murs pendant la nuit, pour que l'air circule alentour, et surtout pour que le contact prolongé d'un de leurs membres ou d'une portion du corps contre une muraille froide et humide n'occasionne pas des rhumatismes de longue durée. La paille doit être renouvelée de temps à autre, sans attendre qu'elle soit pourrie ou réduite en poussière. Les lits doivent être tenus proprement et débarrassés de ces insectes si communs dans les chambres basses et humides de Lille, et qui empêcheraient les ouvriers de se livrer au sommeil dont ils ont besoin pour réparer leurs forces ; le soufre en combustion peut produire la destruction de ces insectes.

Le grand nombre d'usines mues par les machines à vapeur dans les villes de Lille, Tourcoing, Roubaix et dans tous les environs, livrant sur la voie publique des courans continuels d'eau presque bouillante, a donné à beaucoup de femmes la facilité de laver, presque sans frais, le linge de leur famille, et leur a fait contracter ainsi l'habitude d'une propreté plus grande que précédemment. Les établissemens gratuits de bains, même hors les cas de maladies, établis par les soins du bureau de bienfaisance de Lille, permettront aux ouvriers de se baigner de temps à autre, dans toutes les saisons, et les disposeront désormais beaucoup moins aux maladies de la peau.

Je vais entrer dans quelques détails sur les effets hygiéniques des bains froids et chauds.

Les bains sont l'immersion et le séjour plus ou moins prolongé du corps dans l'eau ; ils ont pour effet de nettoyer la peau, d'en faciliter les fonctions ; ils doivent être pris frais dans les fortes chaleurs de l'été, pour rafraîchir le corps, et chauds en hiver, pour entretenir et rappeler la chaleur du corps ; les bains de rivière, dans le département du Nord, ne conviennent qu'aux hommes, l'eau en étant généralement trop froide, pour pouvoir être supportée par les femmes. Les bains froids pris pendant les chaleurs de l'été diminuent la transpiration cutanée, s'opposent à la faiblesse, suite des sueurs abondantes, et rétablissent l'appétit; ils ne conviennent qu'aux jeunes garçons et aux hommes jusqu'à l'âge de quarante-cinq à cinquante ans; les enfans jusqu'à l'âge de quatre à cinq ans et les vieillards, ne doivent pas en prendre, les premiers parce que leur peau serait douloureusement impressionnée par la sensation du froid, les vieillards parce qu'étant refroidis ils se réchauffent difficilement.

Le bain froid ne convient pas aux ouvriers qui ont de la disposition aux rhumes, aux rhumatismes. On ne doit pas se mettre à l'eau avant que la digestion ne soit faite, ou, au moins, deux heures après avoir mangé; plus tôt, on s'exposerait à une indigestion; ni quand le corps est en sueur, la suppression brusque de cette dernière pouvant déterminer des pleurésies, des gastrites, etc. Dès que l'on éprouve des frissons, on doit se hâter de sortir de l'eau, si l'on ne veut pas ressentir de plus grands malaises.

Les bains chauds conviennent à tous les âges et aux deux sexes; mais c'est particulièrement aux femmes, aux enfans et aux vieillards qu'ils sont le plus avantageux : leurs effets sont d'être calmans, relâchans et de délasser promptement. Quand, après un travail long, fatigant, ou après une longue route, on prend un bain chaud d'une heure, et qu'on se livre ensuite à un sommeil paisible, le lendemain les membres sont frais, dispos,

1**

et on pourra reprendre sans peine de rudes travaux, ou faire de nouveau une route de longue haleine.

On ne doit pas faire usage de grands bains chauds quand on est affecté de maladies de poitrine, comme rhumes, crachemens de sang ou de douleurs de tête, à moins que, dans ce dernier cas, on ne prenne la précaution de se couvrir la tête d'un linge imbibé d'eau froide. Dans ces diverses affections on doit se contenter de prendre des bains de pieds et des demi-bains; les grands bains, accélérant la circulation, détermineraient un afflux plus considérable de sang dans les poumons et à la tête.

Les bains de siége chauds conviennent à beaucoup de femmes pour favoriser ou rappeler le retour périodique des règles, et à certains hommes pour calmer les douleurs hémorrhoïdales.

Les bains de pieds chauds, simples et savonneux, doivent être employés au moins une fois par semaine, pour entretenir la propreté des pieds; ils peuvent être mis en usage plus fréquemment par les ouvriers qui ont une transpiration abondante ou fétide, ou un froid habituel dans ces organes.

Le visage, les oreilles et les mains doivent être lavés au moins une fois par jour, pour les débarrasser de la saleté qui peut les imprégner. Il est vraiment déplorable de voir des femmes d'un certain âge rester quelquefois une semaine, un mois et plus, sans enlever de leur figure la crasse qui la recouvre; comment ne craignent-elles pas d'inspirer du dégoût en conservant si long-temps un enduit sale et terreux ?

Les soins réclamés par les cheveux se réduisent à les faires couper de temps à autre, à les peigner chaque jour et à les laver de temps à autre avec de l'eau tiède ou savonneuse, si la nature des cheveux le réclame.

Beaucoup d'ouvrières, pour se procurer un peu de chaleur, font usage de chaufferettes, dans lesquelles elles renferment de la braise embrâsée, qui dégage dans la chambre du gaz acide carbonique impropre à la respiration ; ce genre de chauffage très-économique peut convenir aux femmes âgées, aux dentellières, par exemple, chez lesquelles l'immobilité presque absolue de la totalité de leur corps déterminerait graduellement un plus grand refroidissement, mais pour éviter le désagrément d'un gaz nuisible, elles feront bien de préparer leurs chaufferettes à l'air libre et de bien les recouvrir de cendres. Les jeunes femmes chez lesquelles les chaufferettes produisent des règles abondantes et des marbrures à la partie interne des cuisses et des jambes, feront bien de s'en dispenser.

CHAPITRE TROISIÈME.

Les choses introduites par les voies alimentaires sont les aliments, leurs préparations, les assaisonnemens et les boissons.

Je vais entrer dans quelques détails sur la nourriture de la classe ouvrière de Lille et des environs, tout en faisant observer que les ouvriers dont les salaires sont élevés font habituellement usage d'une nourriture plus substantielle et plus animalisée que les autres qui se trouvent dans des conditions opposées.

Le déjeûner se compose ordinairement d'une décoction d'orge ou d'enveloppes de cacao, d'une infusion de thé, de café ou de chicorée torréfiée, coupées avec du lait, ou simplement de l'eau avec moitié de lait; plus, des tranches de pain et de beurre; mais c'est surtout le café qui fait les délices de la classe ouvrière de Lille; beaucoup de femmes en prennent quatre ou cinq fois par jour, et je ne puis certes qu'applaudir à cette habitude, la plupart d'entr'elles ne faisant usage d'aucun autre excitant.

Pour le dîner, beaucoup d'ouvriers mangent une ou deux fois par semaine de la soupe grasse, du bœuf ou de la vache, encore de qualité inférieure, quelquefois du petit veau, dont les chairs molles sont peu nourrissantes et insalubres, des portions de foie de bœuf ou d'autres viscères, du lard salé, de la mauvaise charcuterie; il y a même beaucoup de pauvres ouvrières qui ne mangent pas de viande une fois par six mois. Les autres jours, ils font usage de soupes maigres ou d'un mélange de lait battu (composé de la portion caséeuse et du sérum du lait), avec du pain ou du riz; ils mangent quelquefois des pommes de terre, des haricots, des pois, des lentilles, des carottes, des navets, des choux-fleurs, des épinards, de l'oseille, rarement des œufs, d'autres fois du poisson de mer, comme le congre et les harengs, seuls poissons que leur prix peu élevé permette à l'ouvrier d'acheter à l'état frais, des limandes et des raies avariées qui, en infectant l'atmosphère, font reconnaître au loin les femmes chargées de les vendre en pleine rue, et sur la vente desquelles il serait si important que la police apportât une surveillance plus active, leur ingestion dans l'estomac pouvant être très-funeste à la santé des ouvriers. Quelques-uns mangent, pour leur goûter, du pain avec du fromage, aliment excitant et sain, quelquefois des cornichons que plusieurs marchands ont la mauvaise habitude de faire bouillir dans du vinaigre, avec des pièces de monnaie de cuivre, pour leur donner plus de fermeté et une belle couleur verte ; cette méthode peut avoir les résultats les plus déplorables, le cuivre étant un poison violent ; j'engage beaucoup les marchands à cesser désormais un pareil mélange et à se servir simplement, pour confire leurs cornichons, de vinaigre froid ou bouillant. Il est facile de vérifier si les cornichons renferment du cuivre ; en les coupant avec une lame de couteau bien décapée, si cette lame se recouvre d'une teinte rougeâtre de cuivre métallique, les cornichons en sont imprégnés et doivent être rejetés ; s'ils n'en renferment pas, la lame présente seulement une teinte noirâtre, et ces fruits peuvent être mangés avec sécurité.

Le souper se compose des mêmes élémens que le déjeûner et le dîner ; le vendredi et le samedi la base principale de la nourriture est le lait battu avec les poissons de mer dont il a été question ci-dessus. La boisson habituelle pendant les repas est l'eau.

D'après ce qui précède, on voit que le régime animal entre pour une trop faible proportion dans la subsistance des ouvriers, et quoique la viande soit d'un prix très-élevé à Lille et dans les environs, je les exhorte à en manger davantage; à Roubaix, à Tourcoing, les ouvriers en mangent plus souvent, ce qui, avec la plus grande salubrité de leurs logemens, contribue à les rendre plus forts et d'une santé meilleure que ceux de Lille. Les femmes des ouvriers doivent éviter d'acheter ces portions de viande à demi corrompue, que certains bouchers étalent sur leurs fenêtres, comme pour inspirer du dégoût aux passans, ainsi que ces poissons à demi corrompus qui devraient être jetés à la voirie.

Les légumes dont les ouvriers font usage sont généralement de bonne qualité; les plus nourrissans sont les pommes de terre, les haricots, les carottes; les épinards, l'oseille, la salade crue ou cuite, renferment à peine quelques matériaux nutritifs; je ferai aussi observer que le lait battu, dont on fait un usage si excessif dans le département du Nord, est rafraîchissant et peu nourrissant; il convient aux personnes fortes, bilieuses, sanguines, et non aux individus d'une complexion pâle, maigre, cacochyme.

On objectera qu'un surcroît de nourriture animale sera pour l'ouvrier l'occasion d'une plus forte dépense; sans doute, il dépensera quelques sous de plus par semaine, pour de la viande, mais comme je le démontrerai plus loin, en parlant des boissons, c'est de la mauvaise distribution des gains de chaque semaine que résulte ordinairement pour l'ouvrier la nécessité d'un logement humide, malsain et d'une alimentation insuffisante et pas assez animalisée.

Parmi les assaisonnemens qui servent à préparer les alimens, les uns sont gras, comme le beurre, la graisse, les huiles; ils sont même nutritifs et de facile digestion, quand ils sont mélangés en petite quantité aux alimens, mais à haute dose, ils deviennent lourds, indigestes; d'autres sont âcres, aromatiques, salés, comme l'ail, les oignons, le persil, le poivre, le sel, etc. Ce dernier, surtout, est indispensable à la nourriture de l'homme, parce qu'il facilite la digestion de tous les alimens, aussi la nature l'a répandu avec profusion sur toute la terre. Le sucre est à la fois un aliment et un assaisonnement très-salubre; on digère bien les substances dans lesquelles il est incorporé.

Les fruits dont la classe ouvrière fait usage sont les cerises, les groseilles, diverses espèces de prunes, les poires, les pommes, les noix ; il est fâcheux que la plupart de ces fruits soient exposés en vente dans un état de verdeur; tous les fruits verts ou avariés devraient être saisis, car ils sont par leur bas prix le partage des enfans des ouvriers et les exposent à beaucoup de maladies, comme la colique, la diarrhée, la dyssenterie.

Je vais maintenant parler des boissons : l'eau pure, limpide, transparente, d'une saveur **agréable**, renfermant de l'air atmosphérique en dissolution, est la plus salutaire des boissons ; les eaux de pluie, de sources, de rivières sablonneuses, des puits forés, renferment toutes les qualités désirables ; la ville de Lille a plusieurs puits forés ou artésiens, et le conseil municipal, encouragé par ces divers succès, ne tardera sans doute pas à voter des fonds pour le forage de dix ou douze autres puits dans les principales rues de la ville, avec des subdivisions dans les rues adjacentes ; déjà il serait utile que l'administration fît des démarches auprès des propriétaires des puits forés existant actuellement, pour obtenir que les eaux excédant leurs besoins fussent conduites jusques sur la rue, dans des tuyaux de fonte, pour l'utilité des habitans des rues voisines, car, à Lille, les eaux de la Deûle et de ses nombreux canaux sont presque stagnantes, reposent sur un fonds vaseux et sont continuellement salies par les immondices des égouts, des teintureries et des diverses fabriques situées dans le voisinage ; les eaux des puits contiennent des substances terreuses et du sulfate de chaux, aussi sont-elles impropres à la dissolution du savon et à la cuisson des légumes secs ; cependant étant filtrées ou reposées, elles sont généralement assez agréables au goût, et elles peuvent servir à beaucoup d'usages domestiques. Je ferai observer à cette occasion que, dans un grand nombre de cours, les puits sont situés trop près des lieux d'aisances et sont exposés par là à recevoir, par infiltration, les liquides que l'on verse dans ces fosses.

L'eau ne doit pas être bue à une trop basse température, surtout le corps étant en sueur, car l'impression d'un froid subit sur l'estomac, la plèvre ou les poumons, peut faire naître des maladies fort graves; elle ne doit pas non plus être avalée en trop grande quantité à la fois, parce qu'alors, en dilatant démesurément l'estomac, elle peut produire une indigestion.

L'eau tiède est tellement désagréable à l'estomac qu'il la rejette presque constamment, ce n'est qu'en y ajoutant quelque substance sucrée ou spiritueuse que l'estomac la digère parfaitement. L'eau bouillante sert à faire des infusions, des décoctions qui, bues chaudes et sucrées, accélèrent la circulation et déterminent la sueur.

L'eau congelée ou la glace est quelquefois utile pour calmer le vomissement.

La bière, résultat de la fermentation de l'orge avec l'addition d'une certaine quantité de houblon, forme une boisson aussi salutaire qu'agréable, lorsqu'elle est prise avec modération; elle nourrit et stimule, à la fois, légèrement l'estomac; mais prise avec excès, elle produit une ivresse accompagnée d'indigestion, ivresse plus longue et plus pénible que celle qui doit naissance au vin. La bière est la boisson la plus habituelle des habitans du département du Nord.

Le vin est le résultat du premier degré de la fermentation du raisin; ses effets sur le corps de l'homme sont une excitation salutaire, quand on en fait usage à dose modérée; mais son abus produit une irritation permanente de l'estomac;

pris en trop grande quantité à la fois, il détermine l'ivresse. Le vin est d'un prix trop élevé dans le département du Nord pour être la boisson ordinaire des ouvriers.

L'alcool se retire de toutes les substances qui peuvent subir une fermentation spiritueuse, comme le vin, la bière, le cidre, le suc de cannes, les céréales germées, les cerises, la mélasse, le jus de betteraves, le miel, etc. Mélangé à partie égale d'eau, il forme l'eau-de-vie ordinaire; mais c'est principalement celle que l'on retire de la germination des grains qui est, par son bas prix (1) et par son usage excessif, le fléau de la classe ouvrière de Lille et des environs; il y a une foule d'ouvriers qui dépensent la moitié de leur salaire de la semaine chez les débitans d'eau-de-vie.

Il règne chez la plupart des ouvriers un préjugé bien funeste, c'est que l'estomac s'occommode fort bien de l'eau-de-vie prise à jeun, et, par suite de cette idée, presque tous commencent leur journée par un ou plusieurs petits verres d'eau-de-vie; s'ils se contentaient d'en prendre un seul et de bonne qualité, avec un morceau de pain, surtout pendant les temps froids et pluvieux, avant leur travail du matin, ils pourraient n'en éprouver que des effets

---

(1) Une personne digne de foi m'a assuré que le bas prix de l'eau-de-vie de grains provenait de ce qu'on la falsifiait fréquemment avec les acides chlorhydrique et nitrique étendus d'eau. Ce mélange, dicté par une cupidité bien blâmable, doit encore augmenter les effets désastreux de l'eau-de-vie de grains.

avantageux mais une forte dose, de cette substance, arrivant dans un estomac vide, le stimule fortement; cet état de stimulation étant renouvelé fréquemment amène des irritations chroniques de cet organe; dans tous les cas, l'abus de l'eau-de-vie est suivi de tremblemens de membres, d'inflammations et de dégénérescences de toute espèce dans les voies alimentaires; presque tous les ivrognes périssent hydropiques ou frappés d'apoplexie. Quand on réfléchit aux suites funestes du penchant pour cette boisson, quand on calcule qu'un ouvrier, en travaillant avec sa femme dans un atelier, pourrait gagner, par exemple, vingt francs par semaine, ce qui ferait quatre-vingts francs au moins par mois et près de mille francs par an, somme qui serait plus forte encore, si un ou deux enfans travaillaient; quand on pense qu'il consomme la moitié de son gain au cabaret, et laisse, par conséquent, une somme insuffisante pour occuper une chambre saine, pour avoir chez lui une nourriture un peu plus animalisée et plus abondante, on doit vivement déplorer son aveuglement; sa passion pour les boissons alcooliques lui fait consacrer au cabaret, non-seulement la journée du dimanche, mais encore celle du lundi et quelquefois une partie de celle du mardi; outre qu'il ne gagne rien, ou peu de chose, pendant ces deux derniers jours, il dépense encore pour se faire du mal ce qui serait si utile pour vêtir, nourrir et loger convenablement, lui, sa femme et ses enfans; aussi combien devient-il malheureux quand arrivent les chômages, les maladies; d'un autre côté l'ouvrier devrait aussi penser au tort qu'il fait aux fabricans qui, ayant consacré un capital considérable à la construction des bâtimens, à l'achat des machines et des matières premières, encourent une forte perte par suite de la cessation non calculée du travail de leurs ouvriers; pendant ce temps, les propriétaires sont toujours obligés de payer leurs contributions, tout en perdant l'intérêt de l'argent placé dans leurs usines; combien d'égards n'auraient-ils par pour des ouvriers qu'ils verraient pleins de zèle, de bonne volonté, et d'une réciprocité d'égards naîtrait un plus grand bien pour les uns et pour les autres.

Quelques ouvriers redoutent d'être considérés comme avares, peu sociables, s'ils refusent d'aller boire avec leurs camarades; qu'ils soient donc persuadés que ce refus les rendra dignes des éloges de tous les gens de bien; en n'accédant pas au désir de quelques mauvais sujets, ils feront le bien-être de leurs femmes et de leurs enfans. C'est par le travail que l'homme pourvoit à ses besoins, à ceux de sa famille : c'est par l'économie, par l'ordre, qu'il pourra, en cas de maladie, de chômage, trouver des ressources et faire des épargnes pour sa vieillesse. L'ivrognerie empêche non seulement l'économie, la bonne éducation des enfans, le bonheur de la famille, mais encore elle ruine celle-ci, elle la plonge et la retient dans une profonde misère; elle rend l'ouvrier paresseux, joueur, querelleur, turbulent: elle l'abrutit et délabre sa santé : on peut affirmer que l'ivrognerie est le plus grand fléau des classes ouvrières ; du jour où elle cessera, l'ouvrier deviendra meilleur ; ainsi, l'amélioration du sort de l'ouvrier dépend en grande partie de sa propre volonté ; en se montrant économe, sobre, tempérant, il aura fait plus de la moitié du chemin vers cette amélioration.

A Sedan, les chefs des premières maisons s'entendent pour réprimer l'ivrognerie ; leurs moyens consistent, autant que possible, à prévenir les chômages, à ne jamais admettre un ivrogne dans leurs ateliers ; à renvoyer, pour ne plus le reprendre, tout homme vu ivre, et à punir de la même peine l'absence des ateliers le jour du lundi. Les ouvriers de Sedan sont reconnaissans du service que leurs maîtres leur ont rendu.

Il n'y a aucune ville de fabrique en France, où les ouvriers aient des habitudes et des mœurs meilleures qu'à Tarare ; aussi, aucune ville manufacturière n'offre moins d'ivrognes et de libertins

Beaucoup d'ouvriers d'Elbeuf font des épargnes, parce que la plupart d'entr'eux travaillent le lundi, et que l'ivrognerie y devient de moins en moins fréquente. On est parvenu à ce résultat dans plusieurs manufactures, en imposant une amende à l'ouvrier vu ivre, ou qui ne se présente pas au travail le lundi, et en le renvoyant à la deuxième ou à la troisième fois.

On a fondé, en Amérique, des sociétés de tempérance, dont le but est l'abstinence absolue des liqueurs fortes ; leurs membres ont contracté l'engagement formel de n'en point faire le commerce,

2

de n'en point offrir à leurs amis, de n'en point fournir à leurs serviteurs, et d'employer tous les moyens possibles pour en faire cesser l'usage. Il est de fait que l'abstinence complète de liqueurs spiritueuses est un remède bien certain contre l'intempérance. Puissent les fondateurs des sociétés de tempérance d'Amérique trouver des imitateurs à Lille et dans les villes manufacturières du département du Nord !

Si l'ivrognerie est un vice odieux dans l'ouvrier, en ce qu'elle vide sa bourse et ruine sa santé, elle devient révoltante et digne du plus profond mépris, quand elle a lieu chez la femme, et il n'est malheureusement que trop vrai qu'un grand nombre de femmes, à Lille, s'abandonne à la passion pour l'eau-de-vie, soit en accompagnant leurs maris au cabaret, soit en s'y rendant seules, et que plusieurs d'entr'elles s'exposent par leur état d'abrutissement, déterminé par de nombreuses libations alcooliques, à être dans les rues, le sujet des huées des petits garçons, qui les poursuivent de leur boue et de leurs clameurs:

Une chose plus révoltante encore, mais qui est au moins digne de compassion, parce qu'elle est la suite de l'entraînement et des mauvais exemples d'individus ordinairement plus âgés, c'est la vue de jeunes garçons de dix à douze ans, dans un état complet d'ivresse. On a remarqué que l'immoralité des enfants était d'autant plus grande qu'ils étaient admis plus jeunes dans les fabriques; quelques-uns d'eux ne tardent pas alors à fréquenter les cabarets et à se livrer à des excès honteux.

Les ouvriers doivent être bien convaincus que la privation de liqueurs fortes sera pour eux l'occasion d'une meilleure nourriture, d'un logement plus sain, d'épargnes, d'une santé plus robuste et surtout de cette satisfaction intérieure, de ce contentement de soi-même, qui est la récompense d'une bonne conduite.

Les femmes doivent employer tous leurs moyens de persuasion, toute leur influence sur leurs maris, pour obtenir d'eux qu'ils cessent de fréquenter les cabarets; quand cette concession leur aura été accordée, si elle est religieusement remplie, leur bonheur intérieur sera plus vif, l'existence de leurs enfants plus assurée; alors elles ne verront plus autour d'elles le spectacle de la misère et de ces scènes scandaleuses et révoltantes que l'ivresse amène trop souvent à sa suite; qu'elles se gardent bien elles mêmes de fréquenter les cabarets et de contracter l'habitude de l'eau-de-vie, car livrées à ce vice odieux, elles finiraient par oublier leurs devoirs d'épouses et de mères, et tout en tombant dans la misère, elles deviendraient un objet de mépris pour les autres femmes, religieuses observatrices de leurs devoirs.

Les pères et mères doivent surveiller attentivement leurs garçons, aussitôt que ces derniers commencent à travailler dans les manufactures; il ne faut pas leur laisser trop de liberté et leur accorder seulement quinze à vingt centimes tous les dimanches pour leurs menus plaisirs; les parents doivent les emmener promener avec eux, et leur interdire la fréquentation des cabarets et des ouvriers plus âgés qu'eux, surtout si ce sont de mauvais sujets et des libertins.

Je ne terminerai pas cet article sans dire un mot sur l'abus excessif que l'on fait depuis quelques années du tabac; on voit journellement dans les rues une foule d'enfants de huit à douze ans, d'une complexion débile, pâles, maigres, qui contractent l'usage d'une substance dont l'action sur nos organes est des plus irritantes; ses seules émanations déterminent souvent sur plusieurs des ouvriers qui le préparent, des coliques, la dyssenterie, l'asthme, des maux de tête et des tremblemens; quelques-uns perdent l'appétit, ont la teinte de la peau jaune et terreuse, et sont forcés d'abandonner ce genre de travail; les autres s'y habituent, conservent ou recouvrent leur embonpoint, leur appétit.

La fumée du tabac détermine une sécrétion abondante de mucosités et de salive; j'exhorte beaucoup les enfants et les ouvriers maigres, disposés aux rhumes, à s'en interdire l'usage, et à l'abandonner aux hommes gros, replets, chez lesquels une perte de salive ou de mucosités peut prévenir un embonpoint trop considérable.

CHAPITRE QUATRIÈME.

Les choses qui doivent être expulsées hors de notre corps sont les matières fécales, les urines, la transpiration cutanée, l'exhalation pulmonaire, les excrétions des membranes muqueuses, etc.; ce sont là nos évacuations habituelles et journalières; les sueurs, les lochies, l'allaitement, sont des évacuations momentanées et accidentelles.

Les alimens et les boissons, après avoir été reçus et élaborés par l'estomac, parcourent le canal intestinal, dans lequel des vaisseaux absorbans puisent les matériaux propres à réparer nos pertes journalières, après quoi le résidu des alimens et le superflu des boissons sont évacués par le rectum et la vessie.

Le plus ou le moins de fréquence des selles journalières est un indice de force ou de faiblesse de la part des individus; les personnes bilieuses, sanguines, dont la nourriture se compose préférablement de substances animales, sont plus habituellement resserrées; les ouvriers faibles, d'un tempérament lymphatique, qui consomment une plus grande quantité de végétaux ou de laitage, sont ordinairement dans un état contraire; cette dernière disposition, qui empêcherait les ouvriers de se livrer à des travaux longs et fatigans, doit être combattue par un régime convenable, comme riz, vermicelle, semoule, œufs, etc., et par la privation de lait, de végétaux, de lait battu, de fruits; on se trouvera bien de prendre, matin et soir, des demi-lavemens d'eau de son, de décoction de têtes de pavots, avec addition d'amidon: si l'on éprouve une constipation de trop longue durée, il faut se mettre à un régime végétal et lacté, et prendre des lavemens émolliens.

La plénitude de la vessie fait éprouver le besoin d'évacuer les urines ; on doit céder à ce besoin toutes les fois qu'il se manifeste, la rétention forcée des urines dans la vessie pouvant faire naître des accidens graves.

La transpiration cutanée, l'exhalation pulmonaire, les sécrétions des mucosités, sont des fonctions qui s'exécutent hors de l'influence de notre volonté, mais qui éprouvent des modifications à la suite des vicissitudes atmosphériques, de l'ingestion de certains alimens, des boissons chaudes ou froides, de la fumée du tabac. Les sueurs sont la matière de la transpiration cutanée devenue plus abondante à la suite d'exercices violens, comme le battage du coton, du fil, la course, ou à la suite d'impressions morales vives, de boissons chaudes aromatiques, de la fièvre, etc. Une sueur générale est pour l'ordinaire d'un augure favorable dans beaucoup de maladies, les pleurésies, les pneumonies, les rhumatismes, par exemple.

Les boissons froides sont nuisibles lorsque le corps est en sueur, la suppression subite de cette dernière pouvant amener de graves accidens ; c'est cependant une imprudence que beaucoup d'ouvriers commettent pendant les chaleurs de l'été.

Les lochies sont cet écoulement sanguin qui a lieu chez les femmes nouvellement accouchées, et qui, après une durée d'environ vingt-quatre heures, est remplacé par des mucosités sanguinolentes, pendant un laps de temps de cinq à six semaines ; durant cette époque les femmes doivent se garantir de l'impression d'un air froid et des lotions froides qui pourraient supprimer brusquement cet écoulement; il leur faut alors une grande propreté, une nourriture légère et des boissons adoucissantes.

L'allaitement constitue, pour la femme, l'action de donner son lait à un enfant. L'allaitement maternel a la supériorité sur tous les autres moyens de nourrir les enfans, le lait que secrètent les mamelles de la femme nouvellement accouchée étant le mieux approprié à l'état des organes du nouveau-né. Beaucoup d'ouvrières de Lille ne donnent le sein à leurs enfans que trois ou quatre fois par jour, dans l'intervalle de leur travail, et le soir elles leur font prendre quelquefois de la thériaque ou du sirop diacode, afin qu'un sommeil forcé de leur part n'interrompe pas le repos du reste si nécessaire à leurs pères et mères; malheureusement cette habitude des substances narcotiques en renouvelle constamment le besoin, parce que leur interruption empêche le sommeil; ces substances ont de plus le funeste résultat de disposer les enfans à des congestions cérébrales; cette coutume n'est plus aussi répandue qu'autrefois, et j'exhorte fortement les mères, dans l'intérêt de la santé de leurs nourrissons, à cesser désormais l'usage de pareils médicamens, qui ne doivent être donnés que dans certains cas de maladies, et d'après la prescription du médecin; il vaut mieux que les mères sacrifient encore une ou deux heures de leur sommeil à ces petits êtres, que de leur procurer un sommeil forcé; elles seront récompensées plus tard par la santé plus brillante dont elles les verront jouir.

S'il y a impossibilité de la part de la mère de donner son lait à son enfant, elle lui fera prendre du lait de vache, coupé avec moitié d'eau tiède, ou d'une décoction de blé, avec addition d'un peu de sucre ; mais il arrive trop souvent que l'allaitement artificiel ne réussit pas, et ce n'est que dans les cas de nécessité absolue que l'on doit y avoir recours ; si une ouvrière, qui ne pourrait pas nourrir, se trouvait par ses moyens pécuniaires en position de prendre une nourrice, elle devrait la choisir jeune, propre, forte, habitant plutôt la campagne que la ville.

Les alimens dont la nourrice fera usage doivent être de bonne qualité, plus nutritifs et plus abondans que dans les temps ordinaires ; elle doit faire un exercice modéré, être exempte d'émotions vives, etc.

CHAPITRE CINQUIÈME.

Ce chapitre comprend toutes nos actions, les travaux, les mouvemens et les exercices auxquels on se livre pendant la veille, le repos et le sommeil qui leur succèdent.

Les exercices peuvent être généraux ou partiels; les exercices généraux sont ceux dans lesquels le corps se meut en totalité, comme chez les fileurs de coton, de laine, dans la promenade, la course, le saut, la danse; les exercices partiels sont ceux qui exigent seulement le mouvement d'une partie de nos muscles, comme chez les dentellières, les cordonniers, les tailleurs, les bobineurs.

Les effets des exercices varient suivant qu'ils sont modérés, violens, plus ou moins prolongés; il y a dans les membres exercés un afflux plus fréquent, plus considérable de sang, une chaleur plus vive; les mouvemens modérés, répétés habituellement après certains intervalles de repos, donnent aux membres plus de souplesse, plus d'énergie, ils excitent l'appétit, ils déterminent l'accélération du pouls, l'accroissement de la chaleur du corps et mettent par-là en état de mieux résister à l'action du froid; de plus ils facilitent la conversion des alimens en notre propre substance. Lorsque certains membres sont, par l'effet des professions, plus sujets à être exercés que les autres, ils acquièrent plus de force, de volume, et finissent par exécuter avec perfection des choses qui paraissaient d'abord d'une difficulté insurmontable; c'est ainsi que le bras droit chez les forgerons, les joueurs de boule et dans la grande majorité des hommes qui se servent préférablement de ce bras, est plus développé que le gauche: les membres inférieurs sont plus forts, plus volumineux chez les piétons, les maîtres de danse; les supérieurs plus développés que les inférieurs chez les dentellières, les menuisiers, les boulangers.

Les mouvemens continués trop long-temps déterminent une sensation pénible, connue sous le nom de lassitude, et qui annonce le besoin du repos.

Les exercices violens, comme ceux qui ont lieu chez les batteurs de coton brut, de fil, chez les moulineurs, dans la course, le saut, la danse, lorsqu'ils sont trop prolongés, occasionnent une vive douleur dans les membres, le cœur bat avec force, les mouvemens respiratoires redoublent de fréquence et d'étendue ; si les exercices violens sont répétés souvent, et pendant trop long-temps, ils amènent de la maigreur et une vieillesse prématurée.

Lorsqu'au contraire, un membre est trop long-temps en repos, il perd de son énergie, de sa souplesse ; si ce repos est absolu, et qu'il dure une grande partie du jour, pendant des mois, des années, comme chez les dentellières, par exemple, pour les extrémités inférieures, il peut produire la soudure des articulations, ainsi que je l'ai vu chez plusieurs femmes de cinquante à soixante ans. Les personnes qui restent en repos pendant un trop long espace de temps et habituellement, ont peu d'appétit, leur digestion est lente, difficile ; leurs selles sont rares, leur respiration et leur circulation sont ralenties, et elles sont plus sensibles au froid.

D'après ce qui précède, on voit que ce sont les alternatives de mouvement ou de travail modéré et de repos qui sont les plus favorables à la santé ; c'est en les combinant convenablement, suivant la force et le tempérament des individus, que l'on se mettra dans les conditions les plus favorables pour exercer les diverses professions auxquelles on peut être appelé.

Parmi les exercices actifs, j'examinerai les effets de la marche, de la danse, de la course, du saut, de la natation, du chant.

La marche modérée ou la promenade exerce la plus douce influence sur toutes les fonctions ; pratiquée quelque temps après le repas, elle favorise la digestion, accélère légèrement la circulation et la respiration ; elle donne plus de force aux extrémités inférieures qu'aux supérieures; pratiquée sur un terrain uni, la marche convient aux vieillards, aux convalescens.

La course détermine dans les organes des ébranlemens qui se succèdent avec rapidité ; après une course violente, la respiration est difficile, les mouvemens du cœur très-accélérés, une sueur abondante couvre la peau. Cet exercice convient particulièrement aux garçons, aux jeunes gens, dont il développe l'énergie musculaire : il ne doit pas être pratiqué immédiatement après le repas.

La danse tend particulièrement à fortifier les extrémités inférieures ; la danse modérée est utile à la santé, en ce qu'elle donne de la souplesse, de l'élasticité à tous les membres ; la walse est un exercice violent qui produit des effets plus énergiques même que ceux de la course, quand on s'y livre avec passion et qu'elle a lieu dans des salles très-chaudes ; il ne faut pas s'adonner à ces exercices quand l'estomac est rempli d'alimens ; ils conviennent aux jeunes gens et surtout à ceux qui, comme les tailleurs, les cordonniers, les ouvrières en dentelles, les couturières, ont leurs extrémités inférieures dans une immobilité presque complète pendant la durée de leurs travaux, tout en s'amusant les jours de fêtes, ils trouveront les moyens de contre-balancer les funestes effets de leurs occupations sédentaires.

Le saut, comme les exercices précédens, communique au corps une grande légèreté; il ne convient qu'aux enfans et aux jeunes gens, dont il développe à la fois tous les muscles.

La natation est un des exercices les plus salutaires et les plus agréables auxquels on puisse se livrer; si les autres exercices occasionnent des pertes abondantes, surtout par la sueur, celui dont il s'agit n'en détermine aucune, à cause du liquide dans lequel on se trouve; la natation à laquelle on s'adonne pendant les chaleurs de l'été, rend le corps agile, robuste. Il est prudent de ne pas se mettre à l'eau avant que la digestion ne soit achevée, ou au moins deux ou trois heures après les repas, dans la crainte de se donner une indigestion, ni quand le corps est en sueur, pour ne pas éprouver de fâcheux accidens, suite fréquente de la suppression brusque de la transpiration. Les personnes sujettes aux crampes doivent éviter de nager dans les endroits profonds, parce que dans de pareils cas, l'impossibilité de se servir d'un ou de plusieurs membres pourrait exposer à des dangers. Lorsqu'on se baigne au moment des fortes chaleurs, il faut mouiller fréquemment sa tête, pour éviter les irritations de la peau du crâne et du cerveau; les heures les plus convenables pour se livrer à la natation sont de six à huit, le matin et le soir.

Le chant modéré, tout en apportant une distraction agréable aux travaux habituels, fortifie les organes de la respiration et facilite la digestion ; mis en pratique dans la plupart des ateliers, comme je l'ai vu dans quelques-uns, il donnerait plus d'ardeur aux ouvriers, et leur ferait paraître le temps moins long ; c'est un exercice que l'on peut recommander avec avantage aux ouvrières des filatures de lin, où l'on emploie presque exclusivement des jeunes filles ; si les chefs de ces établissemens voulaient leur permettre ou leur conseiller le chant, cet exercice apporterait une distraction heureuse à un travail monotone et fatigant par la position verticale qu'il exige.

Les jeux de boule, de quilles, de volant, de cerceaux, de cordes, produisent les mêmes avantages que les exercices ci-dessus ; ils développent le corps, donnent de l'énergie, excitent l'appétit. Ils peuvent être pratiqués dès le bas-âge et choisis suivant les membres qui ont le plus besoin d'être fortifiés.

Après les exercices et les mouvemens auxquels on s'est livré pendant le jour, vient nécessairement le besoin du repos et du sommeil, qui ont pour but la réparation des forces épuisées ou diminuées par l'état de veille. Le sommeil s'établit graduellement par suite de fatigues, du froid, de l'obscurité de la nuit, de l'habitude. Il ne convient pas de dormir dans des chambres trop échauffées, une trop forte chaleur pouvant déterminer des congestions au cerveau ; la tête doit être plus élevée que le reste du corps, et il est avantageux que les extrémités inférieures soient plus couvertes que le reste. Excepté dans les cas de fatigue extrême, on se trouve habituellement mal de dormir pendant le jour.

Le sommeil est ordinairement plus calme, quand il a lieu, le corps étant étendu sur le dos et sur le côté droit; dans le coucher sur le côté gauche, la pesanteur du foie sur l'estomac occasionne quelquefois des rêves et des digestions pénibles.

CHAPITRE SIXIÈME.

Ce chapitre, qui dans les traités généraux d'hygiène est consacré à l'examen des fonctions intellectuelles, sera remplacé dans cet opuscule par un aperçu des mœurs de la classe ouvrière.

Le département du Nord, le plus industriel de toute la France, renferme un nombre considérable d'ouvriers, qui se distinguent du reste des habitans par leurs mœurs, leurs habitudes, mais nulle part ce caractère n'est aussi tranché qu'à Lille, aussi est-ce principalement des ouvriers de cette ville qu'il sera question dans ce chapitre; cependant quelques-uns d'eux seulement ont conservé par leurs genres de travaux, des traditions anciennes : ce sont surtout les filtiers et les dentellières, presque tous nés à Lille, de parens qui fesaient le même métier. Les filatures de coton, de laine, de lin, offrent déjà un certain mélange d'ouvriers étrangers, et dont on trouve le nombre encore plus considérable dans d'autres professions, dans les fabriques de tulle, par exemple, dans lesquelles on voit beaucoup de Belges et d'Anglais; d'autres établissemens, comme les fabriques et les raffineries de sucre, par la suspension de leurs travaux, pendant une partie de l'année, les fabriques de céruse, par l'interruption forcée des travaux chez la plupart des ouvriers, à la suite de maladies, présentent une population flottante.

Les ouvriers de Lille, hommes et femmes, sont généralement petits, pâles, maigres, d'une taille moins élevée, d'une complexion moins forte que les ouvriers de Roubaix, de Tourcoing et des autres manufactures des environs; nés la plupart dans des caves, dans des chambres sombres, humides, peu aérées, situées dans des cours ou dans des rues étroites, où le soleil ne pénètre jamais, de parens quelquefois malsains, habitués dès leur jeune âge à un travail fatigant, proportionnellement à leurs forces, souvent dès cinq heures du matin jusqu'à neuf et dix heures du soir, usant habituellement d'une nourriture insuffisante ou de mauvaise qualité, les deux sexes s'abandonnant de bonne heure à la débauche, les jeunes ouvriers à l'intempérance, à un usage immodéré du tabac. Ils présentent par la réunion de toutes ces circonstances un état physique inférieur non-seulement à celui des autres habitans de la ville de Lille, mais encore à celui des ouvriers des manufactures de Rouen, Mulhouse, Lyon.

Les établissemens dans lesquels il y a mélange des sexes, comme dans les filatures de coton, de laine, offrent généralement bien plus d'exemples de débauche, de libertinage, que ceux qui n'emploient que l'un des sexes, comme les filteries, les filatures de lin. Dans les filatures de coton et de laine, les ouvrières, vêtues très-légèrement pendant l'été, en contact continuel avec des hommes, entendant fréquemment des discours licencieux, entraînées par l'exemple de leurs compagnes, se laissent trop souvent séduire, aussi voit-on beaucoup de jeunes filles de dix-huit à vingt ans être mères d'un ou de deux enfans, sans en témoigner aucune honte; en effet, pourquoi en concevraient-elles? n'encourant, par suite de leur conduite, ni les reproches sévères de leurs mères, ni les mépris de leurs compagnes, parvenant souvent à se marier, soit avec le père de leurs enfans, soit avec un autre ouvrier, elles ne peuvent voir aucun mal à suivre l'entraînement de leurs passions. Les jeunes dentellières, assidues à un ouvrage fatigant, sous les yeux de leurs mères, conservent des mœurs plus pures. Avant l'introduction des machines à vapeur dans les manufactures, ces derniers établissemens étaient moins nombreux qu'aujourd'hui à Lille, et employaient par conséquent moins d'ouvrières, un plus grand nombre de jeunes filles s'occupait à faire de la dentelle; s'il y avait par ce motif moins de dérèglement de mœurs qu'aujourd'hui, on remarquait encore une plus grande quantité de jeunes personnes affectées de gibbosité, de rachitisme, etc., infirmités résultant de leur profession.

Les jeunes ouvrières de Lille sont en général trop libres d'elles-mêmes; outre le contact habituel et journalier avec des hommes, dans les ateliers, les promenades hors de la ville, sans la surveillance de leurs parens, la fréquentation des bals, les jours de fêtes, les dimanches et les lundis, en entraînent beaucoup à la débauche.

Si la conduite des jeunes filles est généralement répréhensible, une fois devenues épouses et mères, leur conduite mérite des éloges ; les exemples d'adultère sont rares parmi les ouvrières mariées ; elles sont bonnes mères et tiennent beaucoup à leurs enfans, souvent malgré leur état de gêne ou de misère : sur deux cents à deux cent cinquante enfans que l'on déposait chaque année au tour de l'hôpital général, on supposait qu'aucun n'appartenait à la classe ouvrière de Lille, et que la plupart provenaient plutôt de la Belgique que du département du Nord.

Les ouvriers dont les gains sont bornés, ou éprouvent peu de variations, ont habituellement plus d'ordre, plus d'économie, des mœurs plus régulières que ceux dont les gains sont plus forts et plus sujets à varier, par suite de la stagnation ou de l'accroissement des affaires : les filtiers, par exemple, qui sont des hommes d'un certain âge et dont les gains s'élèvent d'un franc cinquante centimes à deux francs par jour, et de jeunes garçons de douze à dix-huit ans, sont moins enclins au libertinage et à l'intempérance que les ouvriers des filatures de coton, de laine, des fabriques de tulle et de tissus de laine ; les filtiers, forcés de compter avec eux-mêmes, mangent cependant assez fréquemment de la viande à leur dîner: leurs mœurs sont plus douces, leur caractère plus égal que ceux des autres ouvriers, et ils sont généralement plus faciles à conduire.

Le caractère des ouvrières de Lille est, d'ordinaire, doux, obligeant, serviable, sous une apparence de froideur et d'insensibilité: lorsqu'une femme ou un enfant d'ouvrier tombe malade, les voisines sont toutes disposées à offrir leurs secours et ce dont elles peuvent disposer.

Une chose pénible à dire, et que je ne dois cependant pas passer sous silence, c'est l'état d'abjection dans lequel se placent d'eux-mêmes la plupart des ouvriers de Lille ; lorsqu'ils ont des relations avec des individus qu'ils regardent comme leur étant supérieurs, soit qu'il s'agisse d'obtenir une diminution dans le prix d'un objet, soit qu'ils fassent la demande d'un service gratuit; nous ne sommes que des ouvriers, disent-ils, et après ces paroles que l'on entend si fréquemment, ils pensent, puisqu'ils reconnaissent votre supériorité, être en droit d'obtenir ce qu'ils demandent. On concevrait qu'un ouvrier, père de famille, exposât son peu d'aisance, le nombre de ses enfans, pour obtenir ce qu'il désire, qu'il fît connaître aux personnes qui l'ignoreraient, qu'il est ouvrier, père de famille, mais faire abnégation de sa dignité d'homme par ces mots, *je ne suis qu'un ouvrier*, c'est trop se ravaler. Qu'ils sachent donc qu'un ouvrier, honnête homme, sobre, rangé, économe, mérite l'estime et la considération de tous les hommes et peut marcher au niveau de tous. Beaucoup d'individus qui occupent maintenant les rangs les plus élevés de la société, dans l'administration, dans la banque, comme manufacturiers ou négocians, étaient jadis de simples ouvriers, et s'en font honneur, à juste titre, puisque c'est à leur travail, à leur ordre et à leur intelligence qu'ils doivent leur position actuelle. Nul doute que la généralité des ouvriers ne peut pas espérer sortir de sa sphère de travailleurs, mais tous peuvent et doivent trouver dans leur travail une existence médiocre, il est vrai, mais heureuse, s'ils savent borner leurs désirs.

Une autre observation à faire, relativement au manque d'amour-propre de la classe ouvrière, c'est que tous les ouvriers, quelle que soit l'élévation de leurs salaires, se font inscrire sur le rôle des indigens; je conçois que dans une ville comme Lille, où la viande et les loyers sont chers, l'ouvrier cherche à s'assurer tous les avantages compatibles avec sa position, mais il me semble cependant que tout individu qui gagne trois francs par jour ne doit pas être inscrit sur le rôle des indigens, car s'il est indigent, c'est qu'il le veut bien, c'est qu'il est ivrogne; à plus forte raison, si cet ouvrier, père de famille, a des fils dont les gains sont aussi élevés que les siens, ainsi que cela existe dans plusieurs familles; on m'a cité trois frères qui gagnent chacun trois francs par jour, quand ils veulent travailler, et qui n'ont pour toute charge qu'une mère; eh bien! leur chambre commune offre l'aspect de la plus profonde misère, leur mère n'a pour se coucher qu'une mauvaise paillasse sur les bords de laquelle les trois fils posent la tête pendant leur sommeil, et ce hideux tableau est le résultat de l'intempérance! Il est un fait bien certain, c'est que plus on fait pour les indigens, plus ils deviennent paresseux, exigeans, et plus leur nombre augmente annuellement; je pourrais en donner pour preuve la taxe des pauvres qui, il y a cent ans, en Angleterre, était de quelques millions et qui s'élève maintenant à plus de cent millions, et pèse d'une manière effrayante sur le reste de la population. La ville de Lille peut s'apercevoir aussi de ce résultat; car le nombre des indigens inscrits au tableau augmente annuellement et j'appelle vivement sur ce point l'attention de l'autorité.

Parmi les ouvriers et les ouvrières au-dessus de trente ans, un petit nombre sait lire et écrire; mais au-dessous de cet âge, surtout de douze à vingt ans, la majeure partie sait lire et un grand nombre écrire. Cet heureux résultat est dû au zèle ardent et philantropique du conseil municipal de Lille, qui a fait tous les sacrifices possibles pour arriver à ce but, en fondant plusieurs écoles gratuites. Il faut espérer que dans plusieurs années on trouvera à peine dans la classe ouvrière des individus qui ne sachent ni lire ni écrire.

Il existe, parmi les ouvriers de Lille, un grand nombre d'associations, qui toutes ont le but louable, moyennant le versement d'une somme modique, vingt centimes d'ordinaire par semaine, de donner à celui qui tombe malade un secours de six francs par semaine, et cela pendant un temps limité, au-delà duquel l'ouvrier doit entrer à l'hôpital s'il est incapable de reprendre ses travaux, ou bien subvenir à ses besoins par ses propres ressources. On ne saurait trop applaudir à de pareilles associations; il serait seulement à désirer que les chefs de ces sociétés voulussent bien user de leur influence sur leurs camarades pour les détourner de l'intempérance; on obtiendrait un double avantage, d'abord en ce que les fonds versés suffiraient, au-delà des besoins, aux divers cas de maladies, devenues plus rares par suite de la sobriété; ensuite en ce que les fonds excédant les besoins pourraient être versés dans les caisses d'épargnes, pour être, au bout d'un certain nombre d'années, divisés entre les co-sociétaires.

A propos des caisses d'épargnes, il m'a été assuré qu'un très-petit nombre d'ouvriers y déposaient des économies; cependant elles ont été instituées pour recevoir les dépôts d'argent prélevé par les classes laborieuses sur leur salaire; ces dépôts produisent au profit des déposans des intérêts capitalisés jusqu'au moment de la remise des fonds. Ainsi tout ouvrier qui, dès l'âge de vingt ans, déposerait cent francs par an et pendant trente ans, posséderait, au bout de ce temps, une petite rente qui le dispenserait, pour ainsi dire, de travailler, et l'empêcherait de terminer ses jours dans un hôpital; et combien n'y a-t-il pas d'ouvriers qui dépensent deux ou trois cents francs par an dans les cabarets, et cela au détriment de leur famille et de leur santé ?

Les ouvriers, garçons et filles, se marient ordinairement jeunes, et ont une famille nombreuse ; malheureusement beaucoup de femmes dont les maris fréquentent les cabarets suivent leur exemple et vont s'attabler pour boire ensemble de la bière et de l'eau-de-vie ; quelquefois elles amènent avec elles de jeunes enfans, souvent à la mamelle ; ces derniers, après avoir respiré un air vicié par les émanations du tabac, des liqueurs alcooliques, etc., s'endorment, sont déposés quelquefois dans un coin du cabaret, et peuvent même être oubliés par les pères et mères à la suite de libations trop copieuses ! faits dont on cite un trop grand nombre d'exemples.

Les ouvrières, avant de contracter mariage, devraient s'enquérir des habitudes des ouvriers qui les recherchent, tâcher de les améliorer ou de les détruire, si elles sont mauvaises, en profitant de l'ascendant qu'elles ont sur eux ; une fois engagées dans les liens conjugaux, elles doivent s'efforcer d'obtenir par de bons procédés, par une nourriture un peu plus recherchée le dimanche, par la présence d'une ou de deux bouteilles de bière sur la table, pendant les repas de ce jour, par des promenades en famille, que leurs maris se dispensent d'entrer au cabaret, et dans le cas où leurs efforts ne seraient pas couronnés de succès, qu'elles évitent de les suivre dans ces lieux, pour boire ensemble de la bière, de l'eau-de-vie et se mettre peut-être dans un état d'ivresse.

Outre leurs exemples, leurs conseils, que les femmes mariées doivent employer pour amener leurs maris à ne plus fréquenter les cabarets, un autre moyen des plus efficaces est de prélever de suite, sur le gain de la semaine, le loyer de leur chambre, la somme présumée nécessaire pour la nourriture de la semaine, ensuite de faire entendre à leurs maris que l'argent qu'ils iraient dépenser au cabaret serait beaucoup mieux employé aux divers besoins domestiques. L'amélioration morale des ouvriers doit être, en grande partie, l'ouvrage de leurs femmes, et je suis persuadé que les efforts constans et opiniâtres de ces dernières seront à la longue, pour la plupart, couronnés de succès.

D'après tout ce qui précède, on voit que la classe ouvrière de Lille pèche plutôt par ignorance, par entraînement, par défaut d'éducation, que par mauvaise volonté ou impuissance intellectuelle, et dans un pays où la végétation est des plus florissantes, où les chevaux, les bœufs, les moutons, tous les animaux domestiques et une portion de la race humaine se trouvent dans des conditions remarquables par la vigueur, la beauté et la proportion des formes, il suffirait du concours actif des autorités et des intelligences du pays pour ramener graduellement la portion rabougrie de la population à un état de développement, surtout physique, qui la différencierait à peine du reste des habitans.

Les pères et mères doivent redoubler de surveillance sur leurs enfans, surtout sur leurs filles ; accorder à ces dernières beaucoup moins de liberté, tout en ne s'opposant, en aucune manière, aux plaisirs licites qu'elles peuvent désirer. Les instituteurs, en inculquant à leurs élèves les connaissances nécessaires à leur position future, doivent s'efforcer d'imprimer une meilleure direction de leur intelligence vers le bien, et de produire pour l'avenir une race d'hommes meilleure que celle existant actuellement. Il serait bien utile aussi que les propriétaires des manufactures voulussent observer davantage leurs ouvriers, leur donner des conseils, les engager à mettre à la caisse d'épargnes de petites économies, leur faire des reproches quand ils se seront écartés des règles de la moralité, de la sobriété et de leurs devoirs, leur imposer même de légères amendes au profit de tous quand il y aura récidive dans un de ces derniers cas. Les chefs des manufactures doivent être heureux quand ils voient que leurs ouvriers mettent du zèle, de l'exactitude, de l'intelligence dans leurs travaux, et qu'ils savent que leurs ouvriers jouissent dans leur domicile d'un bonheur intérieur aussi grand que peut le permettre leur position.

Un fait que je considérerais comme très-important sous le rapport de la moralité serait la séparation des sexes dans les ateliers; je suis intimement convaincu que le libertinage diminuerait considérablement si cette séparation s'effectuait; aussi j'exhorte vivement les propriétaires des filatures de laine et de coton à ne plus laisser de jeunes filles occupées comme rattacheuses auprès des fileurs, et à les remplacer par de jeunes garçons, et de permettre tout au plus aux ouvriers d'avoir comme rattacheuses leurs femmes et leurs filles.

SECTION DEUXIÈME.

Hygiène de l'Enfance.

Aussitôt que l'enfant est sorti du sein de la mère, que le cordon ombilical est coupé et noué, on doit frotter tout son corps avec la main imprégnée de beurre frais ou de cérat, puis le laver avec une éponge ou un linge trempé dans de l'eau tiède, avec addition d'un peu de savon, pour mieux enlever l'enduit gras qui recouvre la peau ; on l'essuie ensuite avec un linge fin et chaud et on le place dans son lit. Dans les premiers jours de la naissance il importe beaucoup de garantir les enfans de l'impression du froid, cette sensation pouvant déterminer chez eux les accidens les plus graves, à cause de l'extrême sensibilité de la peau.

Vers le troisième ou quatrième mois on doit habituer les enfans à manger de la soupe au lait ou au bouillon de bœuf, des panades bien cuites, des potages avec de la semoule ou de la fécule de pommes de terre. On leur donnera aussi de temps à autre une petite croûte de pain, dont ils n'introduiront d'abord que de faibles parcelles dans leur estomac. Il existe chez quelques ouvriers un préjugé assez grave et qu'il importe beaucoup de détruire, c'est que la soupe est nuisible aux enfans, et détermine chez eux le carreau : je leur certifie que rien n'est plus avantageux aux enfans que la soupe, aliment tout-à-fait approprié à leur estomac, très-nourrissant et de facile digestion; ils doivent attribuer à d'autres causes le gros ventre dont leur enfant est atteint.

Des soupes et des potages on passe graduellement aux œufs frais, aux légumes, aux fruits, surtout cuits; plus tard à de la viande rôtie ou bouillie, mais en petite quantité, à un peu de poisson. Quant aux boissons, l'eau pure est la plus salutaire de toutes pour les enfans; le café et les liqueurs alcooliques leur seraient très-nuisibles.

Il convient de donner peu d'alimens à la fois aux enfans, mais de leur en donner souvent; comme leur estomac jouit d'une activité très-grande, leur digestion est bientôt faite, et ils réclament de nouveaux alimens, qu'on ne doit pas leur refuser; mais il faut leur donner des choses légères et nourrissantes, sans exciter leur gourmandise par des mets sucrés et de la pâtisserie.

Il faut habituer de bonne heure les enfans à céder au besoin de rendre les matières fécales et les urines, les tenir très-proprement sous ce rapport, car les enfans qui dorment sur des linges sales ne tardent pas à être couverts d'éruptions dartreuses.

Il est inutile de chercher à apprendre aux enfans à marcher avec le secours des lisières ou d'autres machines roulantes; il faut simplement les mettre par terre, sur un plancher ou sur l'herbe; ils commenceront à ramper sur le ventre, puis ils se soulèveront sur les mains, ensuite sur les genoux, plus tard ils se dresseront sur leurs jambes; enfin ils se hasarderont à faire quelques pas; plusieurs jours après leur marche sera devenue facile et assurée.

Il est très-avantageux d'habituer les enfans au grand air et au froid qui accroissent leurs forces; ainsi il convient de les faire sortir tous les jours, excepté par les mauvais temps; les momens les plus favorables sont le milieu de la journée, pendant l'hiver, quand il y a du soleil, et l'après-midi pendant l'été. Les mères doivent bien se garder de laisser toute la journée leurs enfans accroupis sur des chaises, et souvent sur des chaises percées, comme je l'ai vu maintes fois, ou par terre, dans des chambres froides et humides, si elles ne veulent pas les voir devenir pâles, bouffis, atteints de carreau, de maux d'yeux ou de quelque autre symptôme de la maladie scrofuleuse, qui fait de si nombreux ravages parmi la classe ouvrière.

L'impossibilité dans laquelle se trouvent beaucoup d'ouvrières de surveiller leurs enfans, en raison des exigences de leur profession, l'incurie de quelques parens; les dangers de toute espèce auxquels la première enfance serait exposée, si elle était abandonnée sur la voie publique, ont fait naître dans ces derniers temps les salles d'asile, dans l'unique intérêt des enfans des classes laborieuses : aussi j'exhorte vivement les mères qui ne peuvent pas consacrer leur temps à leurs enfans, à les conduire dès leur plus bas âge dans les salles d'asile ; leur intelligence, leur instruction morale et religieuse, peuvent alors être développées de très-bonne heure ; en voyant succéder pour eux la récréation au travail, ils s'accoutumeront à ce dernier et contracteront l'habitude de l'obéissance.

Les dames chargées de l'inspection des salles d'asile pourvoient à une partie de l'entretien des enfans avec un zèle et une prévoyance dignes des plus grands éloges.

D'après ce qui a été dit ci-dessus, on doit convenir que les salles d'asile sont une des institutions les plus populaires et les plus utiles de notre temps. Les enfans recueillis dans les salles d'asile en sortent à l'âge de cinq à sept ans pour entrer dans les écoles primaires.

Les jours de congé il faut engager les enfans à faire tous les exercices compatibles avec leur position, à courir, à jouer aux barres, à sauter à la corde; dès que les garçons ont atteint l'âge de six à sept ans, les pères doivent leur faire prendre des bains de rivière, les habituer à nager, pendant les chaleurs de l'été. Ces divers exercices développeront leurs membres, les rendront forts et souples, et leur feront supporter bien plus facilement toutes les vicissitudes atmosphériques.

Les vêtemens des enfans doivent être légers, commodes, pas trop chauds; les pieds doivent être à l'abri de l'humidité ; leur tête sera habituellement découverte dans la chambre, peu couverte au-dehors, et dès qu'ils auront des cheveux en abondance, on fera bien de les laisser aller nu-tête.

Le visage et les mains doivent être lavés au moins deux fois par jour, matin et soir, et leurs cheveux peignés tous les jours, pour les garantir ou les débarrasser de la vermine qui pullule ordinairement sur la tête des enfans sales.

La peau du corps et principalement celle des pieds s'imprégnant promptement de la matière de la transpiration, de la portion colorante des vêtemens et de la poussière de l'atmosphère et du sol, il convient de faire prendre aux enfans un grand bain tiède une fois par semaine, et dans l'intervalle un bain de jambes chaud et savonneux.

Les enfans ont d'autant plus besoin de sommeil qu'ils sont près de leur naissance, parce qu'étant faibles, il permet la réparation et l'augmentation des forces; on doit respecter leur sommeil, qui est quelquefois de dix-huit à vingt heures dans les premiers jours après la naissance, mais dont la durée décroît graduellement, à mesure que l'enfant avance en âge; il ne faut pas le provoquer par le bercement ou des narcotiques, qui peuvent produire des maladies du cerveau. On ne doit jamais réveiller brusquement les enfans si on ne veut pas déterminer chez eux un malaise qui durerait toute la journée, ou faire naître quelquefois des accidens plus graves, comme des convulsions. Il est convenable pour leur santé de les faire coucher de bonne heure et lever matin ; leurs lits ne doivent pas être trop durs, ni trop couverts, surtout pour la partie supérieure du corps.

Chez les enfans il y a une tendance innée à imiter tout ce qui se fait autour d'eux, c'est par ce motif que les pères et mères doivent s'observer dans toutes leurs actions devant leurs enfans, pour ne pas leur donner de mauvais exemples : ils s'efforceront de conserver toujours entr'eux l'apparence (il vaudrait mieux la réalité) d'une constante harmonie ; ils mettront de la bienveillance, de la modération dans leurs paroles, jamais de violence dans leurs mouvemens. Ils doivent éviter, devant eux, les scènes scandaleuses, les discussions vives, les cris, les emportemens, et surtout ne se montrer jamais dans un état d'ivresse qui pourrait compromettre le respect que les enfans doivent toujours avoir pour les auteurs de leurs jours. On doit leur défendre la fréquentation des enfans querelleurs, turbulens, colères, car on a de la peine à détruire plus tard les mauvaises impressions des premières années, et quand on parviendrait à les effacer, les emportemens de colère, dès le bas-âge, donnent au visage un air rude qu'il conserverait dans un âge avancé. Il convient de leur inculquer des sentimens de bienveillance envers leurs camarades, de reconnaissance pour le bien qu'on leur fait ; on doit leur inspirer l'horreur du mensonge, de l'hypocrisie et de ce vice si odieux qui détruirait leur santé pour toujours, si toutefois les excès auxquels ils se porteraient dès leur jeune âge ne les conduisaient promptement au tombeau.

Les parens et les instituteurs doivent s'efforcer de développer à la fois l'éducation morale et intellectuelle des enfans ; le fardeau des uns et des autres sera plus léger, s'il y a concours réciproque vers le même but ; un enfant docile, respectueux envers son père, sera entre les mains d'un instituteur un instrument malléable qu'on pourra facilement diriger vers le bien. Les instituteurs chargés de leur apprendre la lecture, l'écriture, les élémens du calcul, de la langue française, du dessin linéaire, du chant, et, pour les filles, les travaux d'aiguille, ne négligeront point l'éducation morale et religieuse de leurs élèves. L'instruction que les enfans acquerront, les rendra plus aptes à une foule de professions, leur donnera plus de discernement dans les affaires qu'ils pourront entreprendre, et les rendra moins souvent victimes de la mauvaise foi et de la cupidité ; l'éducation morale et religieuse les guidera dans le chemin de la vertu, de la probité, leur enseignera la charité, la bienveillance envers leurs semblables, les rendra soumis, respectueux envers leurs pères et leurs instituteurs ; en fera plus tard de bons maris, d'excellens pères de famille, rangés, laborieux, et leur fera supporter avec plus de courage les adversités dont la carrière de la vie est semée.

SECTION TROISIÈME.

Cette section comprendra l'hygiène spécialement applicable aux ouvriers des diverses fabriques de Lille et du département du Nord.

Les seuls établissemens industriels qui me paraissent pouvoir présenter quelques modifications hygiéniques plus ou moins importantes pour les ouvriers qui y sont employés, sont les filatures de coton, de laine, de lin, les fabriques de fil de lin retors, de dentelles, de céruse et d'amidon, qui seront, par ce motif, l'objet de chapitres spéciaux. Beaucoup d'autres établissemens, comme les fabriques et raffineries de sucre; les fabriques de tulle, de chicorée, de noir animal, d'acide sulfurique, les ateliers de construction, etc., ne présentent pas ou présentent à peine, pour la santé des ouvriers, des indications autres que celles qui sont l'objet de l'hygiène générale. Je me bornerai à faire maintenant quelques observations sur ces divers établissemens.

Dans les fabriques et raffineries de sucre, un certain nombre d'ouvriers, surtout parmi ceux qui manient les pelles en bois, avec lesquelles on transporte le sucre brut d'un endroit dans l'autre, présente à la paume des mains des éruptions dartreuses ; cet accident me paraît en grande partie le résultat de la malpropreté dans laquelle les ouvriers laissent les manches de ces pelles, ainsi que leurs mains; il suffirait donc, pour éviter ce désagrément, que les ouvriers voulussent bien laver chaque jour ces manches et se tenir eux-mêmes plus proprement. Les précautions à prendre contre l'excessive chaleur et l'humidité de leurs ateliers, ont été indiquées plus haut.

Le prix élevé des machines à fabriquer le tulle a déterminé plusieurs fabricans à faire fonctionner leurs métiers le jour et la nuit, au grand détriment du repos de leurs voisins. Les ouvriers alternent une partie de la nuit et finissent par s'habituer à ce désagrément, dont ils sont du reste dédommagés par les salaires élevés dont la plupart jouissent.

Dans les fabriques de chicorée, la combustion des matières premières nécessaires à la fabrication, s'opérant au grand air, ne nécessite de la part des ouvriers de ces établissemens d'autres précautions que de se garantir de l'épaisse fumée qui se dégage ; il en est à-peu près de même pour les ouvriers des fabriques de noir animal, ces fabriques étant situées en pleine campagne, et la combustion des matières ayant lieu dans des vases clos.

Les fabriques d'acide sulfurique, comprises au nombre des plus insalubres, sont situées au milieu des champs, loin de toute habitation, elles se font reconnaître au loin par l'odeur sulfureuse qu'elles répandent et qui provoque la toux. Les ouvriers de ces fabriques doivent habituellement faire usage d'une bonne nourriture, éviter les boissons alcooliques, prendre fréquemment du laitage et des tisanes adoucissantes, comme les décoctions d'orge, de guimauve, de réglisse; au moyen de ces diverses précautions beaucoup d'entre-eux pourront continuer à travailler dans ces établissemens ; mais ceux chez lesquels les vapeurs sulfureuses auraient déterminé à plusieurs reprises des crachemens de sang, feront bien de quitter pour prendre d'autres professions.

Les ouvriers des ateliers de construction sont généralement d'une complexion robuste; les salaires élevés qu'on leur donne leur permettent de faire usage d'une nourriture plus substantielle; l'absorption de molécules ferrugineuses dans l'intérieur du corps contribue à entretenir et à augmenter leur vigueur; autant le fer paraît être favorable à la santé des ouvriers qui le manient, autant l'acier paraît être funeste à ceux qui, par leur état, sont dans le cas d'en absorber des molécules par les voies respiratoires ; il m'a été assuré que presque tous les ouvriers employés en Angleterre au repassage des aiguilles mouraient poitrinaires à l'âge de trente à quarante ans, et l'on considère leur fin prématurée comme le résultat de la pénétration dans les poumons de parcelles d'acier. Il y a à Lille et à Tourcoing quelques ouvriers seulement chargés d'un travail à peu près identique, ce sont ceux qui s'occupent à aiguiser sur des meules de grès, les dents des peignes employés au peignage de la laine; ils doivent prendre la précaution d'adapter au-dessus de leur meule et le plus près possible d'elle, une petite planche, pour se mettre à l'abri des molécules d'acier qui pourraient pénétrer par la bouche et les cavités nasales.

CHAPITRE PREMIER.

On peut poser en principe général, que la réunion d'un grand nombre d'individus, nécessaire dans quelques professions, devient à la longue, pour ceux qui les exercent, la source de plusieurs maladies; en effet, les miasmes qui s'exhalent de tant de corps réunis, les odeurs fétides, résultant de la malpropreté de la plupart d'entre-eux, la grande chaleur des ateliers, les émanations des substances employées, quelquefois l'étroitesse du local, relativement au nombre des travailleurs, etc., ne peuvent manquer de vicier l'air, mais ce n'est presque jamais d'une manière subite que cette action morbifique a lieu. c'est ordinairement après un certain nombre d'années et insensiblement; alors on voit les ouvriers pâlir, être affectés de catarrhes qui se renouvellent fréquemment, prendre une teinte plombée à mesure qu'ils sont plus anciens dans les manufactures. C'est une observation qu'on a pu faire dans les grands établissemens industriels, même sans avoir égard à la substance employée dans le travail. Maintenant doit-on poser en fait, que le soin de tenir closes en tout temps les fenêtres des manufactures de coton, s'opposant au renouvellement de l'air, soit une cause de maladie? on pourrait objecter que le mouvement continuel et rapide des métiers, les ouvertures par où passent les arbres en fer et les courroies de transmission des mouvemens, l'ouverture fréquente des portes, faisant office de ventilateurs, renouvellent l'air continuellement, quoique lentement.

D'un autre côté, les salles de travail dans les manufactures de coton, sont maintenant vastes, élevées d'un ou de plusieurs étages au-dessus du sol, et sont bien autrement salubres que ces chambres basses, froides, noires, humides des ouvriers. On ne doit point non plus attribuer de mauvais effets aux émanations des huiles qui servent à graisser les rouages, des colles dont on se sert pour donner de la souplesse aux fils et pour mieux les tisser. Le principal inconvénient patent, réel, bien fondé, dans les manufactures de coton, est la poussière ou duvet voltigeant qui s'échappe de cette substance, qui s'attache sur la figure, sur les cheveux et pénètre dans l'estomac ou les poumons. Les ouvriers exposés au battage du coton brut, opération qui développe un épais nuage de poussière irritante, sont plus que les autres encore exposés à ressentir des picotemens dans la gorge, de la toux; en outre, la fatigue extrême, les mouvemens désordonnés et violens des bras et de tout le corps, une position verticale trop prolongée, déterminent chez eux une transpiration abondante, une grande fatigue à la fin de la journée, et par suite, la pâleur du visage et l'amaigrissement général ; aussi la plupart de ces ouvriers quittent leur genre de travail, dès qu'ils trouvent de l'ouvrage ailleurs; plusieurs fabricans m'ont dit n'avoir jamais gardé plus de deux ou trois ans les individus occupés exclusivement au battage du coton brut. Il est fâcheux que le battage à la mécanique, introduit dans quelques manufactures de coton, pour remplacer le battage à la baguette, ne puisse pas remplir toutes les conditions désirées par certains fabricans.

Un des graves inconvéniens des filatures de coton est la trop longue durée du travail; un ouvrier occupé dès cinq heures du matin, pendant l'été, et dès six heures, pendant l'hiver, jusqu'à neuf heures et demie ou dix heures du soir, et le samedi jusqu'à minuit, devant employer en sus une demi-heure à son lever et autant à son coucher, n'a plus suffisamment d'heures à lui pour se reposer et réparer ses forces, son sommeil pouvant encore être interrompu par d'autres circonstances. Il serait bien à désirer que le conseil des prud'hommes et les fabricans s'entendissent pour limiter quelque peu la durée du travail et surtout pour ne pas le prolonger jusqu'à minuit, le jour du samedi.

D'après ce que l'on vient de dire, on peut conclure qu'excepté pour les batteurs à la baguette, dont le travail violent userait les forces et abrégerait nécessairement l'existence, s'il était trop long-temps continué, les autres travaux modérés des manufactures de coton ne seraient pas pour les ouvriers une cause directe et prochaine de maladies, si à l'aspiration de la poussière irritante des ateliers et à un travail quelquefois de trop longue durée, surtout pour les individus jeunes, ne venaient pas se joindre d'autres causes plus directes, plus positives, comme une nourriture insuffisante et de mauvaise qualité, la respiration de l'air impur de leurs chambres, le défaut de propreté, et surtout leur penchant pour les liqueurs fortes.

Maintenant pour parer, autant que possible, à la présence dans la bouche, dans la gorge, dans les fosses nasales et surtout dans les bronches, du duvet voltigeant dans les manufactures de coton, les ouvriers doivent faire un usage fréquent de boissons adoucissantes, comme les tisanes d'orge, de chiendent, de guimauve, de réglisse, d'eau coupée de lait; ils expectoreront alors facilement, avec les mucosités, toutes les matières étrangères qui auront pénétré dans l'intérieur du corps, ou elles descendront plus promptement dans l'estomac. Il serait même à désirer que dans toutes les manufactures de coton on tînt toujours à la disposition des ouvriers, dans une petite pièce hors des ateliers, une légère décoction de réglisse qu'ils pourraient boire à discrétion pendant les heures de leur travail; cette boisson si peu dispendieuse et si salutaire les garantirait de beaucoup d'affections. Quand des accidens graves, comme des maux de gorge, des rhumes, des crachemens de sang se manifestent, les ouvriers doivent de suite discontinuer leur travail.

Les ouvriers des filatures de coton, qui se contentent souvent de la plus chétive nourriture pendant plusieurs jours, pour satisfaire leur penchant pour l'eau-de-vie, s'imaginent que cette substance suffira pour réparer leurs forces épuisées par un long travail; ils sont dans une grave erreur. L'eau-de-vie, en excitant momentanément leur estomac, leur donnera un surcroît de vigueur pendant quelques minutes, au bout desquelles ils retomberont dans leur état habituel: en recourant encore au même excitant, ils pourront, à plusieurs reprises dans la journée, recouvrer les mêmes semblans d'énergie, mais après plusieurs mois ou plusieurs années, la membrane muqueuse de leur estomac étant épaissie et peu impressionnable au stimulus de l'eau-de-vie, ils n'auront obtenu pour résultat qu'une faiblesse habituelle, accompagnée de tremblemens. Comme il en serait autrement, si les ouvriers voulaient consacrer tous les jours, pour manger un peu de viande et faire usage d'une nourriture substantielle, quelques-uns des sous qu'ils dépensent si mal à propos au cabaret les dimanches et les lundis! ce régime réparateur conserverait leur estomac dans un état de santé parfaite, leur donnerait plus d'embonpoint, et leur permettrait de se livrer chaque jour à leurs travaux, sans épuiser leurs forces.

La respiration d'un air pur étant une des conditions les plus essentielles, si l'on veut conserver sa santé, les ouvriers doivent, d'après ce motif, aérer fréquemment leurs chambres, les tenir proprement; ils feront bien de quitter ces caves basses, humides et noires, qui seraient toujours pour eux et leurs enfans des causes de maladies.

Les batteurs à la baguette doivent, encore plus que les autres ouvriers, faire usage d'alimens nourrissans, pour parer aux pertes continuelles que leur travail entraîne.

CHAPITRE DEUXIÈME.

Hygiène particulière aux Ouvriers des manufactures de laine.

Dans les manufactures de laine, une foule d'opérations, comme le triage, le battage, le lavage, le peignage, etc., exposent les ouvriers à un grand nombre d'indispositions; le triage des laines en suint, ordinairement d'une saleté extrême, peut produire des furoncles, des érésypèles, des dartres; les laines provenant d'Angleterre, ayant été lavées sur le dos même des moutons, n'ont pas le même inconvénient que celles de France, et il est fâcheux pour la santé des ouvriers que cet usage ne soit pas adopté en France. Le battage qui détermine d'épais nuages d'une poussière plus âcre, plus piquante que celle qui se dégage du coton, est de plus un sujet de grandes fatigues pour les ouvriers chargés de cette opération ; ils sont fréquemment affectés de maux d'yeux et de gorge, de catarrhes. Le lavage s'opère dans quelques manufactures dans des cuves remplies d'eau de savon chaude; dans ce cas, ce travail présente peu d'inconvéniens, et n'exige de la part des ouvriers que les précautions hygiéniques ordinaires.

Le peignage se pratique avec des peignes en acier, chauffés sur du charbon de bois embrâsé, placé dans quelques manufactures, dans des fourneaux situés au milieu des ateliers, sans cheminée d'appel ou tuyaux de tôle, communiquant avec l'air extérieur; cette pratique peut exister sans trop d'inconvéniens, pendant l'été, parce que les fenêtres sont constamment ouvertes; pendant l'hiver, comme on a soin de fermer les fenêtres, elle peut produire et produit en effet les plus graves accidens, car, tous les hivers, plusieurs ouvriers tombent asphyxiés, et sans les prompts secours de leurs camarades, ils courraient le risque de perdre la vie; ces derniers les portent en plein air et leur font des affusions d'eau froide ou vinaigrée, en attendant l'arrivée d'un médecin. Nul doute que plusieurs accidens semblables arrivant consécutivement au même individu ne portent une atteinte profonde à son organisation; il serait cependant bien facile d'éviter de tels dangers, soit en plaçant les fourneaux dans les cours voisines, soit, ce qui vaudrait beaucoup mieux, pour éviter la perte de temps et le refroidissement des fers, en faisant construire au milieu des ateliers et au dessus des fourneaux, des cheminées d'appel qui garantiraient les ouvriers de tout accident. Beaucoup d'ouvriers, chargés du peignage de la laine, portent à la partie externe du doigt indicateur de la main droite, des durillons très-épais qui ont quelquefois deux ou trois centimètres de largeur sur autant de longueur ; cet épaississement de l'épiderme provient de la pression forte qu'ils exercent sur la laine placée entre le pouce et le doigt indicateur ; ces durillons, qui du reste ne gênent nullement les ouvriers et augmentent même la force du doigt indicateur, peuvent être coupés, lorsqu'ils prennent un développement trop considérable.

Les teinturiers et les foulonniers travaillent presque constamment dans l'eau, soit sur le courant d'une rivière, soit dans l'intérieur des ateliers ; dans le premier cas ils sont exposés à toutes les vicissitudes atmosphériques, ils ont une grande partie de leurs vêtemens dans un état d'humidité continuelle et les pieds constamment mouillés ; aussi sont-ils sujets aux rhumes, aux rhumatismes, aux fièvres intermittentes ; dans le deuxième cas, les ouvriers respirent un air humide, chargé quelquefois des émanations malfaisantes des substances employées pour la teinture, et ils présentent des dartres dans plusieurs parties du corps, des varices et des ulcères aux jambes.

Les batteurs, les cardeurs, les fileurs de laine, les tondeurs de drap, sont tous exposés à respirer, et à avaler la poussière sale et piquante de la laine et du drap : cette poussière, se fixant dans les narines, la gorge et les bronches, les dispose beaucoup aux angines et aux diverses affections de la poitrine.

Les manufactures de laine teinte et surtout teinte en gras, sont bien plus malsaines que les manufactures de laine blanche ; l'odeur de la laine imprégnée de corps gras, des teintures employées, les émanations des corps des ouvriers, les eaux qui séjournent sur le sol et qui filtrent quelquefois dans les puits de l'établissement, de manière à en rendre l'eau non potable ; toutes ces causes réunies exposent les ouvriers de ces manufactures à des indispositions très-fréquentes.

On voit que les nombreuses opérations qui s'exécutent sur la laine peuvent amener beaucoup d'accidents ; aussi tous les ouvriers doivent-ils user de précautions hygiéniques ; les trieurs doivent se savonner plusieurs fois par jour la figure et les mains pour enlever la poussière et les matières grasses qui peuvent s'y attacher ; ils feront bien, ainsi que les laveurs, d'éviter de travailler sur de la laine en suint avec des doigts atteints de plaies ou de coupures, à moins que ces affections ne soient bien garanties par des bandes de toile du contact des matières sales qui pourraient les empirer. Les laveurs, les teinturiers, les foulonniers doivent porter des sabots et prendre plus de précautions qu'ils ne le font ordinairement, pour empêcher que l'eau ne pénètre dans leur intérieur ; ils se trouveront bien de prendre, au moins une fois par semaine, un bain de jambes chaud et savonneux ;

le soin de tenir leurs pieds et leurs jambes à l'abri de l'humidité, de les conserver chauds et secs pendant la durée de leurs travaux, de boire le soir en rentrant dans leurs chambres une infusion chaude de tilleul ou de coquelicot, les garantira, autant que possible, des maladies auxquelles leurs professions les exposent.

Les batteurs, les cardeurs, les fileurs de laine, les tondeurs de drap, doivent faire un fréquent usage de boissons adoucissantes pour expectorer ou faire arriver dans l'estomac les substances âcres et piquantes qui peuvent être adhérentes aux fosses nasales, à la bouche ou à la gorge.

Dans les manufactures de laine teinte, il convient d'ouvrir fréquemment les fenêtres des ateliers, d'établir des conduits qui entraînent promptement au-dehors les eaux qui tombent sur le pavé, d'avoir des puits creusés assez profondément pour avoir une colonne d'eau rapide et d'une quantité suffisante pour les besoins et la salubrité de l'étatablissement; dans le cas où, par suite d'infiltration ou par d'autres causes inconnues, cette eau présenterait une odeur ou une saveur désagréable, elle doit être interdite comme boisson.

CHAPITRE TROISIÈME.

Hygiène particulière aux Ouvriers des filatures de lin.

Le rouissage du lin, l'opération la plus insalubre de toutes celles qui ont eu lieu sur cette substance, se faisant ordinairement en pleine campagne, rentre dans le domaine de l'hygiène générale.

Les filatures de lin qu'il m'a été possible de visiter, n'emploient que de jeunes filles surveillées dans chaque atelier par un contre-maître ; elles sont presque constamment debout, position qui, après le long travail de la journée, détermine beaucoup de fatigue et amène chez quelques-unes le gonflement des extrémités inférieures et des flueurs blanches abondantes.

Il paraît qu'une humidité permanente est une des conditions premières pour le filage du lin ; dans quelques filatures, la vapeur est même utilisée pour obtenir l'écartement des filamens du lin, opération qui produit dans les ateliers une humidité extrême, chargée des émanations vireuses de cette substance ; en ajoutant à ces diverses causes d'insalubrité, l'occlusion presque continuelle des fenêtres, qui a lieu dans quelques-uns de ces établissemens, l'humidité dont les vêtemens des ouvrières se trouvent empreints pendant toute la durée du travail, le peu de soin que la plupart d'entr'elles mettent à se garantir du froid, en sortant de leurs ateliers, l'incurie qu'elles montrent en reprenant le lendemain des vêtemens qui n'ont pas été convenablement privés, pendant la nuit, de l'humidité de la veille, ou plutôt l'insouciance et la misère de leurs parens, leur mauvaise nourriture, leurs logemens humides, on trouvera facilement l'origine d'une foule d'affections, comme les catarrhes, les rhumatismes, les varices, l'adème des jambes, la maladie scrofuleuse.

Aux avis indiqués dans les chapitres précédens, j'ajouterai, pour les ouvrières des filatures de lin, le conseil de ne pas sortir brusquement de leurs ateliers, quand leur corps est en sueur, ou quand leurs vêtemens sont mouillés profondément, surtout pendant l'hiver; aussitôt qu'elles sont rentrées chez elles, elles doivent quitter de suite leurs vêtemens humides, soit pour en mettre de secs, soit pour se coucher; elles, feront bien de prendre en se couchant, quelque boisson chaude pour exciter la transpiration pendant la nuit et combattre par ce moyen les mauvais effets qui pourraient résulter pour elles de l'atmosphère humide et vireuse dans laquelle elles se trouvent pendant leur travail ; elles doivent éviter de remettre sur elles aucune portion de leur habillement qui ne soit parfaitement sèche. Elles doivent éviter d'habiter des caves et des chambres humides, car l'humidité permanente dans laquelle elles se trouvent la nuit et le jour finirait par développer en elles des affections scrofuleuses et rhumatismales de longue durée.

Il serait très-avantageux pour la santé des ouvrières que les fenêtres des ateliers fussent ouvertes plusieurs fois par jour, pendant l'hiver, ainsi que cela se pratique dans plusieurs filatures de lin, sans que cette sage précaution hygiénique nuise en aucune manière à la bonté du travail, ainsi que me l'ont assuré plusieurs filateurs.

CHAPITRE QUATRIÈME.

Hygiène particulière aux Ouvriers des fabriques de fil de lin retors.

A voir les figures blêmes, maigres, les jambes torses, déviées dans tous les sens, les gibbosités, la petite taille de beaucoup d'ouvriers de ces fabriques, on serait disposé à les regarder comme les plus insalubres de tous les établissemens industriels, et cependant il n'en est pas ainsi; diverses causes contribuent à montrer, dans ces sortes d'ateliers, une population débile, étiolée; c'est d'abord le peu de fatigue que les travaux ordinaires entraînent, en exceptant le battage et le moulinage du fil, ce qui fait que beaucoup d'individus qui ne se trouvent pas assez de force pour travailler dans les ateliers où une certaine vigueur est nécessaire, préfèrent le travail aisé des fabriques de fil de lin retors; à cette cause première de faiblesse inhérente aux individus, on peut joindre la mauvaise odeur de ces ateliers, dont les fenêtres sont toujours fermées, par suite de l'obstination des ouvriers qui persistent à les tenir closes malgré le désir contraire de plusieurs chefs de maisons, qui m'ont assuré que le grand air ne serait nullement désavantageux aux produits de leurs fabriques; ensuite la mauvaise habitude que ces ouvriers ont contractée de se faire apporter à manger dans leurs ateliers, ce qui les oblige à respirer du matin au soir un air vicié par les émanations des substances sur lesquelles ils opèrent, par la poussière, l'odeur, l'humidité, les miasmes de leur corps ; on peut ajouter à ces diverses causes de la débilité de ces ouvriers l'intempérance, plus rare cependant chez les filtiers que chez les autres ouvriers ; la malpropreté, l'insalubrité de leurs chambres, un travail de trop longue durée, surtout pour les enfans, la mauvaise position que ces derniers contractent dans les opérations du dévidage ou du bobinage, en faisant porter habituellement tout le poids de leur corps sur la jambe droite, par suite de la trop grande distance qui existe entre la main gauche qui tient le fil et la main droite qui fait mouvoir la roue, situation qui détermine à la longue la déviation des jambes, surtout quand elle est pratiquée dès le jeune âge, long-temps avant que le corps n'ait acquis son développement. Telles sont les diverses causes qui présentent dans les fabriques de fil de lin retors un si grand nombre d'ouvriers infirmes.

Dans ces fabriques, les ouvriers exposés à la plus grande fatigue, sont les moulineurs et les batteurs de fil, aussi alternent-ils avec d'autres ouvriers.

Les batteurs de fil et les peigneurs de lin développent dans leurs opérations d'épais nuages de poussière, dont une partie pénètre dans leur bouche, leur gorge, les cavités nasales et les bronches ; aussi leur expectoration présente-t-elle, pendant la durée du travail, beaucoup de matières étrangères, et ils sont exposés aux maux d'yeux, de gorge et à des rhumes souvent opiniâtres.

Tous les ouvriers des fabriques de fil de lin retors, qui ont des gains médiocres et une faible constitution, doivent user de grandes précautions pour ne pas tomber malades; ils doivent occuper des chambres propres, sèches; je les engage, dans l'intérêt de leur santé, à accéder aux désirs de leurs maîtres en donnant de l'air à leurs ateliers, pendant la plus grande partie du jour, l'été, et pendant l'hiver dans l'intervalle de leurs repas, qu'ils feront bien d'aller prendre à leur domicile, d'abord parce qu'ils respireront dans les rues un air plus pur que celui de leurs ateliers, ensuite parce que l'exercice, la distraction que cette course nécessitera, leur feront reprendre leurs travaux avec plus de satisfaction.

Une chose qui est généralement funeste dans les ateliers et que l'on doit éviter autant que possible, quand elle n'est pas de première nécessité pour le travail, c'est l'extrême chaleur, dans laquelle les ouvriers se plaisent beaucoup trop, sans songer que cette température les épuise, les débilite encore, en déterminant une trop forte transpiration, outre la perte inutile du combustible pour les maîtres et le danger qu'ils peuvent courir eux-mêmes, en passant subitement d'une trop forte chaleur à l'air froid du dehors : pourquoi prodiguer inutilement un combustible qui ne leur appartient pas? faut-il donc admettre en thèse générale, ce qui ne ferait pas l'éloge du cœur humain, que l'on est toujours porté à abuser du bien d'autrui plutôt que du sien, surtout si l'on est assuré de n'encourir ni la vue ni le blâme d'autrui?

Les batteurs de fil, qui travaillent dans des ateliers humides et fréquemment dans les caves des fabriques, pour éviter les secousses qu'ils imprimeraient au mur et au sol, partout ailleurs, ont besoin, à raison de leur travail fatigant, de faire usage d'une nourriture plus substantielle que les autres ouvriers, de se prémunir plus qu'eux contre l'impression du froid humide et de se débarrasser plusieurs fois par jour, ainsi que les peigneurs de laine, de la poussière qui recouvre une grande partie de leur corps. Les uns et les autres doivent faire un fréquent usage de boissons adoucissantes et prendre quelquefois de grands bains.

La loi sur le travail des enfans interdira à ceux qui sont trop jeunes les opérations du bobinage et du dévidage. Il est à désirer pour les enfans de petite taille, de huit à douze ans, que la distance entre les roues et les bobines soit un peu diminuée, de manière à ne pas les forcer à prendre un point d'appui sur une seule jambe. Les enfans doivent aussi éviter d'écarter leurs jambes, comme ils le font presque tous aujourd'hui, par mauvaise habitude; je me suis assuré qu'ils avaient pour le moins autant de facilité à exécuter leurs travaux, quand leurs talons se touchaient ou étaient seulement écartés de deux ou trois centimètres l'un de l'autre, que quand ils étaient très-écartés. On doit regretter qu'ils ne puissent pas travailler assis une grande partie de la journée.

CHAPITRE CINQUIEME.

Hygiène particulières aux Ouvrières des fabriques de dentelles.

De tous les arts industriels, même parmi les plus insalubres, aucun n'amène à sa suite des résultats plus funestes, plus déplorables que la fabrication de la dentelle; on peut regarder comme un fait positif que sur cent jeunes filles de cinq à six ans (la loi actuelle sur le travail des enfans (1) apporte, pour cette profession, une modification bien avantageuse sous le rapport de l'âge), à qui l'on fait apprendre la fabrication de la dentelle dans un âge aussi tendre et pendant quatre ans, comme l'usage le veut, la moitié au moins à cinquante ans, sera bossue ou atteinte d'une des nombreuses affections des yeux, comme l'engorgement des paupières, l'amaurose, la myopie, la cécité, dus à l'extrême fatigue de ces organes, ou d'un des symptômes de la maladie scrofuleuse; et d'une taille beaucoup au-dessous de la moyenne, avec voussure du dos, pâleur et maigreur de la figure, et cette proportion de femmes infirmes augmente encore avec l'âge. S'il y avait quelque compensation sous le rapport du gain, on concevrait le nombre considérable d'ouvrières que la fabrication de la dentelle emploie encore dans la ville de Lille,

---

(1) Voir pages 8 et suivantes.

quoique beaucoup restreint de ce qu'il était en 1790, époque où l'on comptait treize à quatorze mille dentellières; mais il n'en est rien, car les meilleures ouvrières, qui peuvent consacrer à ce travail une journée entière, dès cinq à six heures du matin jusqu'à neuf ou dix heures du soir, gagnent au plus un franc ou un franc vingt-cinq centimes par jour, tandis que celles qui sont mères de famille et livrées au soin du ménage gagnent à peine cinquante ou soixante centimes par jour; un motif, que je regarde comme d'une certaine importance, peut engager les mères à faire embrasser cette profession à leurs filles, c'est la surveillance qu'elles peuvent exercer sur elles; mais il y a une foule d'autres professions plus lucratives, dans lesquelles les mères auraient le même avantage, ce qui doit engager beaucoup d'entr'elles à ne pas consacrer leurs filles à un état aussi ingrat.

Les causes qui déterminent à tout âge des accidens si redoutables pour les ouvrières en dentelles sont la position constante du corps pendant toute la durée du jour, l'immobilité presque absolue des extrémités inférieures, l'habitation des caves ou des chambres obscures et humides des cours, l'application continuelle des yeux sur un travail fin et fatigant, la malpropreté, la mauvaise nourriture, la plupart d'entr'elles ayant pour principale nourriture du lait battu.

On conçoit qu'il est difficile d'indiquer beaucoup d'améliorations dans une profession exercée par des femmes, dont la plus grande partie se trouve dans un état de gêne, mais plus on rencontre d'obstacles quand il s'agit de l'amélioration d'une classe nombreuse d'ouvrières, plus on doit redoubler de zèle pour les vaincre. La loi votée par les chambres ne permettra plus aux mères de mettre leurs filles en apprentissage avant l'âge de huit ans; ce sera déjà un immense avantage pour ces pauvres petites, qui étaient forcées jusqu'aujourd'hui d'y aller à cinq ou six ans; de huit à douze ans, elles travailleront seulement pendant huit heures avec des intervalles de repos, pendant lesquels elles pourront jouer, courir, dégourdir leurs jambes; de douze à quinze ans, leur travail durera douze heures, si elles sont réunies en atelier, mais, au moins, c'est encore là un travail modéré qui leur permettra un peu d'exercice après leurs repas; au-dessus de quinze ans, elles n'auront plus d'autres guides pour la durée de leur travail que la volonté de leurs mères ou la leur; mais alors leurs membres ayant acquis tout leur développement régulier, il leur suffira de quelques précautions hygiéniques, pour ne pas être, plus que les autres ouvrières, en but à des affections morbides.

Parmi ces précautions, une que je leur conseille en première ligne, comme étant des plus importantes, c'est de ne pas poser directement leurs carreaux sur les genoux; mais de les mettre sur un pupître élevé depuis le sol jusqu'à quelques centimètres au-dessus de leurs genoux; l'achat de ce pupître, qui leur suffirait pendant bien des années, ne dépasserait pas deux francs, et il leur permettrait d'étendre, de raccourcir leurs jambes, en un mot, de changer de positions toutes les fois que l'une d'elles deviendrait fatigante; combien de femmes âgées, occupées depuis longues années à la fabrication de la dentelle, disent éprouver une grande difficulté à mouvoir leurs jambes, quand, après un travail de quatre à cinq heures, elles sont obligées de se lever pour prendre leurs repas et satisfaire à leurs besoins; certainement, si dès leur bas-âge, quand elles ont commencé à travailler, on leur avait fait contracter l'usage d'un pupitre, le mouvement de leurs jambes serait tout aussi facile chez elles que chez les autres ouvrières, et elles ne seraient pas exposées, comme on en voit beaucoup d'exemples à Lille, à avoir les genoux ankylosés, dans leur vieillesse.

Un autre conseil qui, s'il était suivi, aurait des conséquences avantageuses pour les ouvrières en dentelles, serait de quitter l'habitation des caves et des chambres noires et humides; leur travail ne nécessitant qu'un exercice rapide des doigts et laissant le reste de leur corps dans un état presque complet d'immobilité, développe en elles peu de calorique, et les expose à tous les dangers du froid et de l'humidité; il serait donc très-convenable pour elles d'occuper des chambres sèches, bien éclairées, exposées au midi et situées aux étages élevés des maisons; elles auraient par là, tous les jours, deux heures de jour de plus que si elles habitaient des caves; l'obligation de descendre et de monter donnerait de la souplesse et du mouvement à leurs extrémités inférieures.

Outre tous les moyens généraux de propreté, indiqués dans plusieurs chapitres précédens, les ouvrières en dentelles doivent prendre fréquemment des bains de jambes savonneux chauds pour contribuer à entretenir la chaleur des pieds, car une fois que ces organes sont froids, il leur est difficile de les réchauffer, vu leur peu de mouvement.

Les yeux des ouvrières en dentelles étant exposés à beaucoup de fatigues, et pouvant, par suite, être sujets à un grand nombre d'affections, doivent être, de leur part, l'objet de la plus grande surveillance; elles se trouveront bien de les bassiner fréquemment avec de l'eau fraîche, de l'eau de plantain, de roses, de sureau; ces légères lotions raffermiront leur vue. Dès qu'elles se voient atteintes de quelque affection grave des yeux, elles doivent, tout de suite, cesser leur travail, se faire soigner, et ne reprendre leurs travaux habituels que lorsqu'elles seront parfaitement rétablies de leur indisposition.

CHAPITRE SIXIÈME.

Hygiène particulière aux Ouvriers des fabriques de céruse.

Le plomb est, après le fer, le métal le plus employé, et c'est à l'état de sous-carbonate ou de céruse qu'il est le plus usité dans les arts. Tous les ouvriers qui absorbent, respirent ou avalent des molécules de plomb, comme ceux des fabriques de céruse, de minium, les peintres en bâtimens, les broyeurs de couleurs, les fabricans de cartes et de papiers peints, les potiers de terre, les affineurs, les plombiers, les ferblantiers, les ouvriers des fonderies de caractères, les lapidaires, les ouvriers des fabriques de plomb de chasse, les imprimeurs, peuvent éprouver plus ou moins promptement les effets funestes de cette substance, suivant la quantité plus ou moins grande qu'ils en absorbent, et sous ce rapport, les ouvriers des fabriques de céruse sont ceux qui se trouvent dans les conditions les plus défavorables, par suite de la grande émanation de poussière, résultant du battage des lamelles de plomb recouvertes de céruse, et de la pulvérisation de cette dernière; aussi est-ce d'eux qu'il sera principalement question dans ce chapitre.

Le séjour momentané dans les fabriques de céruse détermine dans la bouche et sur la langue une saveur sucrée, et dans la gorge un sentiment de serrement, sensation que le séjour habituel dans ces établissemens fait disparaître.

Les premiers effets de la présence du plomb dans l'intérieur du corps, sont, la couleur grise-ardoisée des gencives, dans la portion la plus voisine des dents; dans le reste de leur étendue, elles sont d'un bleu rougeâtre; la couleur jaune des dents, la fétidité de l'haleine, la teinte jaune plombée de la peau, et, chez quelques ouvriers, l'amaigrissement ; ces divers accidens peuvent subsister quelquefois long-temps chez les ouvriers, sans leur occasionner aucune douleur, et sans les empêcher de continuer leurs travaux ; il n'est même pas rare de voir des individus offrir quelques traces de la présence du plomb dans leurs corps, et n'être jamais malades, mais lorsque tous les symptômes énumérés plus haut existent, on doit redouter de voir bientôt se manifester une des maladies dues à la présence du plomb.

La céruse ne peut se vaporiser, mais elle est facilement réduite en poussière excessivement fine par le seul maniement, le frottement, la percussion, le grattage, le broiement ; en un mot, toutes les opérations qui ont pour but de rompre l'aggrégation de ses molécules, ont la propriété de la diviser en corps tellement légers, qu'ils se disséminent avec la plus grande facilité dans l'atmosphère, ce dont on s'aperçoit facilement lorsqu'on entre dans les ateliers.

C'est par les voies respiratoires et digestives, l'intérieur de la bouche, de la gorge, des narines, de la trachée-artère, des bronches, que l'absorption des molécules de plomb est la plus active ; il y a aussi absorption, mais d'une manière beaucoup moins considérable, par la peau, qui se trouve chez les ouvriers presque entièrement couverte de ces mêmes molécules, sur toute sa surface, mais principalement aux mains, au cou, à la figure et sur la tête.

La quantité de céruse absorbée varie suivant les individus ; quelques-uns tombent malades après en avoir absorbé une certaine dose qui ne produira aucun effet chez d'autres ; cela peut dépendre de la susceptibilité des ouvriers et de la propriété que peuvent présenter quelques-uns d'entr'eux d'expulser, hors de leurs corps, une grande partie de la céruse, par les voies intestinales, par les urines, la transpiration.

C'est pendant l'été que l'on voit le plus de maladies de plomb, cela provient de ce que la chaleur favorise l'absorption. Les individus jeunes sont plus sujets à tomber malades que les hommes plus âgés.

On voit quelquefois des ouvriers être longtemps, dix ans, quinze ans, par exemple, dans les fabriques de céruse, sans éprouver d'autres effets que la constipation, tandis que d'autres, au bout de quelques jours, ou de quelques mois, éprouvent une des nombreuses affections dues à la présence de cette substance. Les ouvriers qui ont été une première fois malades, ont beaucoup de dispositions à contracter plus tard de nouvelles maladies.

Les ouvriers menacés de la colique ont une teinte jaune bien prononcée de la peau, un goût sucré astringent, des pesanteurs à l'estomac, de la diminution dans leur appétit, une constipation opiniâtre, un ballonnement du ventre, sans éprouver d'autres douleurs qu'un sentiment de malaise ; ces accidens peuvent durer huit ou quinze jours, si les ouvriers ont de suite discontinué leurs travaux, et ont eu recours aux moyens convenables, parmi lesquels on doit citer en première ligne la diète et les purgatifs.

Mais si les ouvriers ont continué à travailler dans les fabriques de céruse, ou commis des excès, les douleurs éclatent avec une intensité des plus vives, elles ont leur siége dans le canal intestinal et consistent dans une sensation de tortillement, de cuisson, d'arrachement ou seulement de pesanteur, avec rétraction du ventre ; elles sont soulagées dès le commencement de la maladie par une forte pression sur cette partie ; il y a perte d'appétit, la face est pâle, les yeux enfoncés, les traits grippés; l'accès dure depuis quelques minutes jusqu'à plusieurs heures, et diminue d'intensité ou disparaît entièrement, pour renaître après quelques minutes, quelques heures et souvent quelques jours.

Quoique les malades atteints de colique, éprouvent le plus habituellement une constipation opiniâtre, quelques-uns cependant ont de la diarrhée; le ventre est dur, contracté, bosselé, il y a vomissement, soif vive, urines jaunes, rares, difficiles pendant les accès; la douleur est le symptôme qui apparaît le premier et qui persiste un des derniers.

Après les coliques, l'accident le plus fréquent consiste dans des douleurs vives dans les membres, continues, mais devenant plus aiguës par accès, diminuées par la pression, augmentées par le mouvement, et accompagnées de crampes, de duretés et de tension dans les organes malades.

Les paralysies du mouvement et du sentiment sont encore deux accidens cruels qui sont le résultat de l'absorption, à l'intérieur du corps, des molécules de plomb ; dans la paralysie du mouvement, ce sont ordinairement les muscles qui se trouvent dans le sens de l'extension des membres qui sont privés de mouvement; la paralysie des membres supérieurs est la plus fréquente; les paralysies des membres inférieurs et de la langue viennent ensuite.

La paralysie peut durer des heures, des mois, des années; les premières attaques sont généralement plus faciles à guérir que les autres, et chez les jeunes sujets que chez les ouvriers d'un âge avancé.

Les accidens les plus rares et les plus dangereux, sont ceux qui se manifestent à la suite du transport des molécules de plomb sur le cerveau, d'où résultent le plus habituellement l'épilepsie, le délire, les convulsions, etc.

Lorsque l'un des accidens qui viennent d'être énumérés apparaît, il faut recourir de suite aux conseils actifs et éclairés d'un médecin.

Les dangers attachés à la présence dans le corps des molécules de plomb, doivent engager les propriétaires et les ouvriers des fabriques de céruse, à faire usage de tous les moyens hygiéniques généraux et particuliers pour s'en garantir le plus possible.

Les moyens hygiéniques généraux consistent à établir dans les ateliers de vastes cheminées d'appel, communiquant avec un foyer de chaleur; il y aura, par ce moyen, dispersion dans l'atmosphère des molécules les plus ténues, et moins de dangers pour tous les ouvriers en général, et surtout pour ceux chargés de la fusion du plomb.

En arrosant fréquemment le sol des ateliers ou en y répandant de la sciure de bois humide, on aura aussi l'avantage de diminuer considérablement la volatilisation des molécules.

S'il était possible d'obtenir que toutes les opérations relatives à la fabrication de la céruse eussent lieu sous l'eau ou dans des vaisseaux clos, il n'y aurait plus d'autres dangers pour les ouvriers que ceux attachés à toute réunion d'hommes dans les ateliers de travail.

L'un des industriels les plus distingués de ce département, M. Théodore Lefebvre, a apporté depuis peu dans sa fabrique de céruse, située dans la commune des Moulins, des modifications importantes sous le rapport de la santé des ouvriers, en faisant pratiquer par des moyens mécaniques le battage des lames de plomb, la pulvérisation et le tamisage de la céruse dans de grandes caisses en bois, fermées hermétiquement ; il a rendu par là un immense service aux ouvriers, et il est vivement à désirer que son exemple soit suivi par tous les fabricans.

Il conviendrait aussi que les lames de plomb que l'on convertit en céruse fussent plus minces, afin que leur totalité éprouvât cette transformation ; cela éviterait dans toutes les fabriques l'opération du battage, qui est des plus dangereuses, lorsqu'elle est pratiquée dans les ateliers.

Parmi les moyens hygiéniques particuliers, un des plus avantageux pour les ouvriers, est de porter devant les narines et la bouche des éponges imbibées d'eau pure ou acidulée avec deux ou trois gouttes d'acide sulfurique par verre ; ces éponges sont maintenues par une bande nouée au-dessus de la tête, et doivent être lavées trois ou quatre fois par jour, pour les débarrasser de la poussière qui y est attachée; les ouvertures des éponges permettent aux ouvriers de respirer librement, et empêchent la pénétration, par le nez et la bouche, des molécules de céruse. Ce moyen si facile devrait être prescrit dans toutes les fabriques dont il s'agit.

Les ouvriers feront bien de frotter tous les soirs leurs dents avec du charbon pulvérisé, pour en détacher la céruse qui peut y être adhérente; ils doivent éviter d'avaler leur salive, parce qu'elle peut renfermer des parcelles de la même substance; je leur conseille de se moucher fréquemment pour ne pas laisser trop long-temps des molécules de céruse en contact avec les cavités nasales.

La propreté est une des conditions les plus nécessaires pour la santé des ouvriers de ces fabriques; aussi, doivent-ils se laver, tous les soirs, la figure et les mains, et renouveler cette opération sur ces dernières, toutes les fois qu'ils voudront manger, pour empêcher que la poussière adhérente à la peau des mains ne se mêle à leurs alimens, et ne pénètre dans leur estomac.

Pendant l'été, les bains de rivière leur seront avantageux, et pendant l'hiver, les temps froids et pluvieux, ils les remplaceront par de grands bains chauds, quelquefois sulfureux, quelquefois savonneux.

On a remarqué que les ouvriers des fabriques de céruse, qui se livraient à des excès de boissons alcooliques ou de plaisirs vénériens, étaient plus fréquemment malades que les ouvriers sobres ou modérés dans leurs plaisirs.

Les ouvriers ne doivent pas se mettre à l'ouvrage avant d'avoir mangé, car, quand l'estomac est vide, le corps est bien plus disposé à l'absorption des molécules de céruse, que quand il est rempli d'alimens.

Les ouvriers de ces fabriques, que l'on n'admet ordinairement qu'autant qu'ils sont d'une complexion robuste, et dont les gains sont assez élevés, doivent faire usage d'une nourriture bien substantielle, composée le plus habituellement de soupes, de viande de bœuf ou de porc, d'œufs, de poissons, de légumes, de laitage; ce dernier aliment leur est particulièrement recommandé, parce que, comme ils sont d'ordinaire constipés, il diminuera, chez quelques-uns, par sa propriété relâchante, cette fâcheuse disposition. Je les engage à boire pendant leurs repas un peu de bière, qui, en facilitant leur digestion et en donnant du ton à leur estomac, les mettra à même de lutter plus efficacement contre les effets délétères de la céruse.

Il leur serait avantageux de boire chaque jour, dans leurs établissemens, mais en-dehors des ateliers, trois ou quatre verres d'une limonade composée d'eau, un litre; acide sulfurique, huit gouttes; sucre brut, trente à quarante grammes, bien mêlés ensemble; cette boisson, qui ne reviendrait par jour qu'à trois ou quatre centimes, neutraliserait dans l'intérieur du corps une portion de la céruse qui aurait été avalée.

L'usage du tabac à fumer a paru éloigner, chez quelques ouvriers, le développement des maladies causées par la présence du plomb; on pourrait expliquer ce résultat par la perte abondante de salive que cette substance occasionne, et sous ce rapport j'en conseillerais l'usage aux ouvriers des fabriques de céruse.

CHAPITRE SEPTIÈME ET DERNIER.

Hygiène particulière aux Ouvriers des fabriques d'amidon.

La fabrication de l'amidon a lieu habituellement dans des caves ou sous des hangars situés dans l'intérieur des villes et dans la campagne. Le premier effet que produit l'entrée dans ces établissemens est une odeur aigre très-prononcée, qui occasionne d'ordinaire des serremens de poitrine, symptôme qui disparaît par le séjour habituel; le second effet est l'impression d'une humidité très-grande, plus considérable encore dans les établissemens placés dans les caves que dans ceux situés sous des hangars.

L'amidon s'obtient en faisant fermenter diverses céréales, comme le blé, l'orge, le seigle, sous l'eau contenue dans de vastes citernes; au bout de quelques jours il s'établit une première fermentation, dans laquelle il y a dégagement d'une grande quantité d'acide carbonique, sous forme de bulles qui s'échappent de la surface de l'eau; ce gaz est impropre à la combustion et à la respiration; une lumière que l'on place au milieu de ces bulles, au-dessus des citernes, s'éteint à l'instant, et un ouvrier qui respirerait un air trop chargé d'acide carbonique tomberait asphyxié. Cet accident arrive très-rarement, parce que les courans d'air qui règnent dans ces fabriques, entraînent dans l'atmosphère la majeure partie du gaz acide carbonique qui se dégage.

La deuxième fermentation développe, pendant plusieurs jours, une grande quantité d'acide acétique qui provoque la toux chez les personnes délicates, mais qui ne paraît pas avoir des effets nuisibles sur le plus grand nombre d'ouvriers, dont l'embonpoint est assez prononcé, et me semble dû, en partie, à l'absorption des molécules d'amidon par les voies respiratoires et par la peau.

La troisième fermentation, que l'on appelle putride, dégage des miasmes infects qui pourraient compromettre gravement la santé des ouvriers si les amidonniers conservaient trop long-temps leurs eaux sures au milieu des établissemens; mais comme la fermentation putride amènerait à sa suite de la perte dans la matière fabriquée et des maladies de mauvaise nature, les fabricans s'empressent ou doivent s'empresser de les faire disparaître; en effet ils les font transporter dans des bateaux ou dans des réservoirs, d'où les fermiers les enlèvent pour les faire servir à l'engrais des terres.

D'après ce qui vient d'être dit, on voit que la majeure partie des inconvéniens attachés à la fabrication de l'amidon peut disparaître par la position de ces établissemens, qui doivent être, de préférence, situés sous des hangars, au milieu des champs, et par la surveillance que les fabricans exerceront sur les eaux sûres, pour les faire enlever en temps opportun, avant la putréfaction.

L'atmosphère et le sol toujours froid et humide des fabriques d'amidon, disposant beaucoup les ouvriers à des catarrhes et à des rhumatismes de longue durée, doivent les engager à se vêtir chaudement, à garantir surtout leurs extrémités inférieures de l'impression du froid et du contact de l'eau, dans laquelle ils se trouvent presque continuellement, par l'usage de bas ou chaussettes de laine ou de coton, et par des sabots. Je leur conseille de faire usage d'alimens sains et bien nourrissans; leurs chambres doivent être sèches, exposées au soleil, s'il est possible; ils feront bien de prendre fréquemment des bains de jambes chauds et savonneux, et de boire quelquefois des infusions chaudes de tilleul, de sureau ou de coquelicot, pour favoriser la transpiration et se garantir le plus possible, par ce moyen, des fâcheuses impressions du froid humide, auquel ils sont exposés.

FIN.

TABLE ANALYTIQUE

DES MATIÈRES.

		PAGES.
Préliminaires	....	3
SECTION I.	Hygiène des ouvriers en général.....	15
Chapitre 1.er	Les choses qui nous environnent....	16
Chapitre 2.	Les choses appliquées à la surface du corps...........................	21
Chapitre 3.	Les choses introduites par les voies alimentaires	27
Chapitre 4.	Les choses qui doivent être expulsées hors de notre corps............	40
Chapitre 5.	Nos actions, la veille et le sommeil, le mouvement et le repos........	44
Chapitre 6.	Aperçu des mœurs de la classe ouvrière de Lille.....................	50
SECTION II.	Hygiène de l'enfance..............	61
SECTION III.	Hygiène spécialement applicable aux ouvriers des diverses fabriques de Lille et des environs............	69
Chapitre 1.	Hygiène particulière aux ouvriers des filatures de coton..............	72
Chapitre 2.	Idem des manufactures de laine.....	77
Chapitre 3.	Idem des filatures de lin..........	81
Chapitre 4.	Idem des fabriques de fil de lin retors..	84
Chapitre 5.	Idem aux ouvrières des fabriques de dentelles......................	88
Chapitre 6.	Idem aux ouvriers des fabriques de céruse.........................	92
Chapitre 7.	Idem des fabriques d'amidon........	101

EN VENTE,

A la librairie d'Émile DURIEUX,

Imprimeur, près la Bourse,

A LILLE.

De l'État des Ouvriers et de son amélioration par l'organisation du travail, par feu Adolphe BOYER, de Lille, compositeur-typographe, 1 vol. in-18, avec le portrait de l'auteur, 1 fr.

Le Livre du Compagnonage, par Agricol PERDIGUIER, 2 vol. in-32, 2 fr. 50 c.

Le Livre du Peuple, par LAMENNAIS, in-32, 1 fr. 25 c.

Maitre Pierre, ou le *Savant de Village*, entretiens familiers sur les connaissances humaines ; 40 vol. in-18, se vendant séparément au prix de 25, 40, 50, 60, 75, 90 c. et 1 fr.

Le Mécanicien anglais, ou *Description pratique des Arts mécaniques de la Grande-Bretagne*, par NICHOLSON, nouvelle édition, revue, corrigée et augmentée d'un Appendice sur les chemins de fer et les machines à vapeur, par Félix et Prosper TOURNEUX, 2 vol. in-8.º, ornés de 106 planches gravées, 16 fr.

Manuel du Capitaliste, ou *Tableaux en forme de comptes faits pour le calcul de l'intérêt de l'argent à tous les taux, pour toutes les sommes, et depuis 1 jusqu'à 366 jours*; par feu BONNET, 8.ᵉ édition, augmentée par BOTTIN; 1 vol. in-8.º, 6 fr.

Cet ouvrage est indispensable aux négocians, banquiers, comptables, et à tous les particuliers qui ont des calculs d'intérêts d'argent à faire ou à vérifier.

226

www.ingramcontent.com/pod-product-compliance
Lightning Source LLC
Chambersburg PA
CBHW070245100426
42743CB00011B/2136